U0051032

教育叢書10

*Good Manner*

# 成就一生好習慣

楊 冰◎主編

# 良好習慣是健康人生之基礎

孫雲曉

我的女兒是復旦大學的學生。她在北京月壇中學讀書時，二〇〇〇年八月赴日民宿歸來，寫了九千字長的《我眼中的日本同齡人》一文，發表在二〇〇一年二月十四日《中國青年報》冰點專欄。她的分析讓我刻骨銘心。

她寫道：

與日本孩子在一起，最深的印象之一，恐怕就是文明禮貌了。中國自古以來就是一個禮儀之邦，可是，目前的情形好似日本才是禮儀之邦，因爲日本年輕人在禮儀方面相當規範。在中日青少年交往中，我們就有些相形見絀了。

我本以爲自己已經是一個很懂禮貌的人了，沒想到在日本，我竟成了一個舉止粗魯，沒有章法的人。一次我向扶美子借了東西，因爲我和她已經很熟了，沒打招呼就把東西還給了她。沒想到，幾天後，她不僅責怪我不講禮貌，還講得挺激動，而我卻有些莫名其妙。不過細想一下覺得她也是對的，中國留下的古訓「相敬如賓」講的正是這個道理。又一次在博物館裡看展覽，我想更清楚地看展品，不自覺地趴在玻璃上。這時，扶美子馬上提醒我不要違反博物館的規定。我一臉茫然，問怎麼啦？她有些不能容忍地說：「這是常識，你難道不知道嗎？」一句話讓我站在那裡尷尬萬分。說眞的，我在國內還眞的沒留意這樣的規定。

日本人的禮貌還表現在很多小的事情上。比方說，你請他吃飯，第二次見面時他一定會再次感謝你。再比方說，日本人見面時一般都互贈禮品，就算他事先沒有準備，日後也一定會補上，眞正做到「禮尚往來」。

一天，我和扶美子外出很晚才回家，在公共汽車上我看到眼前一排很矮的座位上空著，就想也沒想地坐了上去。扶美子嚇了一跳，趕忙叫我起來，幾乎是用責怪的語氣說：「這是老弱病殘專座，你怎麼坐了啊？」「可是現在沒人啊。」我不解地問。「那也不能坐啊！」扶美子倔強地說。眞沒想到，日本公共汽車上的秩序會這麼好，要是在中國，別說這種情況，我看就是有老人也不一定會有人讓座呢。

日本的高樓大廈比中國還多，所以，人們常常要乘坐各式各樣的電梯。我對日本人乘電扶梯的方式也感慨頗多。在中國乘電扶梯，同一方向常常兩人並排，甚至擠得滿滿的。如果被夾在人群中的人有急事也出不來。可是，日本人乘電扶梯全部偏左站，把右邊的通道讓給急著趕路的人。像這樣處處替別人著想、處處不給別人添麻煩的做法，差不多已成了許多日本人的習慣，青少年還能例外嗎？因此，對於小學生而言，公德教育也需要落實在文明行為習慣的培養上。這樣，除了社會常識教育之外，良好習慣的養成就成了小學德育中最重要的事。

培養一代代兒童從小養成良好的習慣，這對於中華民族優良素質的提高是一項奠基工程，可謂百年大計。

俗話說，多高的牆多深的基。否則，根基不牢，地動山搖。建築大樓如此，做人更是如此。

幾年前，當幾十位諾貝爾獎得主聚會之時，記者問一位榮獲諾貝爾獎的科學家：「請問您在哪所大學學到您認爲最重要的東西？」這位科學家平靜地說：「在幼稚園。」「在幼稚園學到什麼？」「學到把自己的東西分一半給小夥伴，不是自己的東西不要拿，東西要放整齊，吃飯前要洗手，做錯事要表示歉意，午飯後要休息，要仔細觀察大自然。」

這位科學家出人意料的回答，講明了兒時養成良好習慣對人的一生具有決定性意義。所以，中國俗語中有「三歲看大，七歲看老」之說，其含義之一就是從兒時的習慣如何可以推測未來。

一九九五年，我們做過一百四十八名傑出青年的童年與教育研究，發現他們之所以成為傑出青年，人格因素是最重要的原因。

科學家通常認為，成功是一種與生俱來的特質，隨著時間的流逝，那種天才的光輝在某些人身上會愈發亮麗，而在另一些人身上則會逐漸黯淡。為什麼呢？現在認為最終能成功的人身上具有特殊的品格，即人格在起著主導作用，經由「ＩＱ」或標準考試測量出來的智商為非主要因素。那麼當代傑出青年所具有的人格是怎樣的呢？

在一百四十八名傑出青年身上，體現出這樣六個人格特點：一、自主自立精神；二、堅强的意志力；三、非凡的合作精神；四、鮮明的是非觀念和正確的行為；五、選擇良友；六、以「誠實、進取、善良、自信、勤勞」為做人的基本原則。舉例說明，他們在童年時，如果未完成作業而面對遊戲的誘惑，六十·一三%的人「堅持認真完成作業」；六十六·八%的人非常喜歡「獨立做事情」；七十九·七三%的人對班上不公平的事情「經常感到氣憤」；而五十四·〇五%的人「經常制止他人欺負同學的行為」。

幾乎在一百四十八名傑出青年調查研究的同時，一九九四年第四期《少年兒童研究》發表一篇極有震撼力的調查研究報告，即《悲劇從少年開始——一百一十五名死刑犯犯罪原因追溯調查》。該報告寫道：

調查表明，「一一五」從善到惡，從人到鬼絕不是偶然的。他們較差的自身素質和日積月累的諸多弱點是他們走上絕路的潛在因素，是罪惡之苗、悲劇之根。他們違法犯罪均起於少年時期，「一一五」中的三十．五％曾是少年犯，六十一．五％少年時犯有前科，基本都有劣跡，從小就有不良表現。因此只要這種潛在因素得不到改變，他們遲早都有走上犯罪道路的危險。透過調查分析，這種潛在因素主要表現在以下幾個方面：少文化、缺知識、不知禮、不懂法；貪吃好玩，奢侈爲榮，怕苦怕累，不學無術；「哥兒們義氣」重如生命，爲「朋友」交情，不惜兩肋插刀；自作聰明，我行我素，顯赫逞能，亡命稱霸；倫理錯位，黑白不分，是非顚倒，榮辱不清。

這一概括是深刻的，並有許多個案足以證明。如搶劫、盜竊、傷害、殺人犯鄧車生，家庭富有，從小就吃香的，穿新的，用好的，玩高級的。五歲抽煙，六歲喝酒，七歲打牌，八歲賭博，十歲坐館子，十二歲進舞廳，十四歲親（吻）姑娘，十五歲會嫖宿，由此養成三大癖好——嫖、賭、逍遙。他對朋友說：「**嫖、賭、逍遙我從小養成，對我來說像煙蟲酒鬼對吸煙喝酒一樣成性成癖，像人吃飯、穿衣一樣需要。**」

一切都是從童年開始的。不同的童年造成了傑出青年與死刑犯之分，更造成了先進青年與平庸青年之分。而這「不同」的基本點之一就是行為習慣的不同。

習慣是什麼呢？按照《現代漢語詞典》的權威解釋是：「在長時期裡逐漸養成的、

一時不容易改變的行為、傾向或社會風尚。」因此，也可以說，教育就是培養習慣。

科學大師愛因斯坦曾引用過這樣一句俏皮話，「**如果人們已經忘記了他們在學校裡所學的一切，那麼所留下的就是教育**」。

換句話，可以說「忘不掉的才是素質」。而習慣正是忘不掉的最重要的素質之一。

良好習慣對於人的發展究竟有何意義呢？也許，木桶理論可以從某一個角度解釋清楚。木桶理論認為，一隻木桶盛水的多少，取決於最短的木板，而不取決於最長的木板。對於人的發展同樣如此，人的失敗往往由於自己的某種缺陷所致。

某外資企業招聘員工，報酬豐厚，要求嚴格。一些高學歷的年輕人過五關斬六將，幾乎就要如願以償了。最後一關是總經理面試。總經理說：「**我有點急事，你們等我十分鐘。**」總經理走後，躊躇滿志的年輕人們圍住了老闆的大辦公桌，你翻看文件，我看來信，沒一人閒著。十分鐘後，總經理回來了，宣布說：「**面試已經結束，很遺憾，你們都沒有被錄取。**」年輕人大驚大惑：「**面試還沒開始呢！**」總經理說：「**我不在期間你們的表現，就是面試。本公司不能錄取隨便翻閱主管文件的人。**」年輕人全傻了。因為從小到大，沒有人告訴他們這一常識，更談不上習慣的養成。

與上述例子相反，良好的習慣也常常助人成功。四十年前，前蘇聯太空人加加林，乘坐「東方」號太空船進入太空遨遊了一百零八分鐘，成為世界上第一位進入太空的太空人。他在二十多名太空人中，之所以能夠脫穎而出，起決定作用的是一個偶然事件。原來，在確定人選前一個星期，主設計師羅廖夫發現，在進入飛船前，只有加加林一個人脱下鞋子，只穿襪子進入座艙。就是這個細節一下子贏得了羅廖夫的好感，他感到這個二十七歲的青年如此懂得規矩，又如此珍愛他為之傾注心血的飛船，於是決定讓加加林執行人類首次太空飛行的神聖使命。

從更深刻的意義上講，習慣是人生之基，而基礎水平決定人的發展水平。大量事實證明，習慣如何常常可以決定一個人的成敗，也可能導致事業的成敗。

毫無疑問，培養孩子良好習慣的神聖責任，別無選擇地落到了父母與教師的身上。

有人悲觀地説：「**孩子的壞習慣都是跟大人學的，沒有人能教孩子好習慣，教了也沒用。**」

我卻充滿自信，因為絕大多數父母與教師是充滿愛心的，一旦明白了良好行為習慣決定孩子命運，自會為孩子改造成年人的世界。

父母不可能也不必成為教育家或心理學家，甚至不必成為教師或教師的助理，但是，父母必須承擔起最基本也是最重要的責任——培養孩子的良好習慣，而良好習慣的核心是學會做人。

# 目錄

## B篇：讓孩子學會關愛——關愛習慣的培養



## C篇：讓孩子學會管理自己——管理習慣的培養



## D篇：讓孩子修煉好品德——品德習慣的培養

Good Manner
成就一生好習慣

# A篇 讓孩子學會思考

## 思考習慣的培養

## 第1種好習慣

# 怎樣讓孩子長一雙「火眼金睛」？

觀察是聰明的眼睛，
讓孩子長一雙「火眼金睛」，
用自己的眼睛去觀察自然，
觀察社會，觀察人生。

觀察是一個人認識事物的重要途徑，是智力活動的基礎，是完成學習任務的必備能力。觀察是聰明的眼睛，沒有敏銳的觀察力，就談不上聰明，更談不上成功。細緻是培養觀察的基本要求，準確是觀察習慣的根本，全面是觀察的基本原則，發現特點是觀察的目的。

一九七五年出生的任寰，七歲寫詩，九歲發表作品，十歲出版第一本詩集，十二歲加入河北省作家協會，十八歲考入北京大學中文系。至今已出版詩、文集七部，發表各類文章近五百篇，多次獲國際、國內文學獎。

任寰小時候不愛說話，這與她從小患過敏性氣喘有關。每次住院、打點滴、吸氧，她也不多話。這種生活方式自然形成了善於用眼睛觀察的習慣。

任寰上小學二年級時，父親培養她觀察、描寫大自然。上小學三年級時，父親又教她注意觀察人物，觀察人的心理，進而觀察、思考社會和人生。《十歲女孩任寰詩文選》就是她觀察、思考生活的結晶。著名詩歌評論家謝冕稱她的詩具有思辨性。

任寰的父母平時也注意指導觀察，開闊孩子的眼界，充實孩子的生活。比如，讓任寰觀察家裡養的花草、小魚，晚上帶任寰觀察星空，講講簡單的星系。白天觀雲，看到雲的流動，講一講「雲往東，一場空；雲往西，披蓑衣」等諺語的簡單道理。

任寰的父母經常引導她走向社會、走向大自然，接觸生活，觀察世界，開闊眼界，鼓勵她遇事多問，啓發孩子思考問題。這些對任寰後來的成功有極大的幫助。

巴甫洛夫說過，當你研究、實驗和觀察的時候，不要做一個事實的保管人。你應當力圖深入事物根源的奧秘，應當百折不撓地探求支配事實的規律。這就是說，巴甫洛夫主張觀察不但要準確，而且還應達到能透過現象看本質，力圖深入事物奧秘的程度。

父母在鼓勵孩子勤於觀察的同時，還要注意幫助孩子善於觀察。著名哲學家黑格爾認為，培養觀察力的最好方法是教他們在萬物中尋求事物的「異中之同或同中之異」。

父母怎樣培養孩子的觀察能力呢？我們的建議是：

・**明確觀察目的**。孩子對觀察任務的了解，直接影響觀察的效果。觀察目的越明確，孩子的注意力就越集中，觀察也就越細緻、深入，觀察的效果也就越好。孩子在觀察中，有無明確的觀察目的，得到的觀察結果是不相同的。比如，父母帶孩子去公園，漫無目的地東張西望，轉了半天，回到家裡，也說不清看到的事物。如果要求孩子去觀察公園裡的小鳥，那麼孩子一定會仔細地說出小鳥的形狀，羽毛的顏色，眼睛的大小，聲音的高低等。孩子有了觀察目標，才能有收穫。

・**激發孩子觀察前的準備**。特別是相關知識的準備，以便讓孩子看得懂；同時要激發其求知欲，培養其觀察興趣。興趣是最好的老師，有了濃厚的興趣，就會主動去認識事物。父母可以引導孩子觀察他最熟悉的、最喜愛的、特徵比較明顯的和容易辨認的事物，激發孩子積極觀察的强烈願望。

・**讓孩子見多識廣**。觀察力的敏銳度與孩子視野是否開闊有關。孤陋寡聞的孩子缺少實踐的機會，觀察力必然受到影響。看到同樣一種現象，有的孩子能說出許多，有的孩子卻說不上幾句，這與孩子學習的情況有關。知識學得紮實，道理融會貫通，觀察問題就比較深刻。

・**鼓勵孩子多提問**。不要總認為孩子什麼都不懂，孩子的心靈深處絕對不是一片空白，不同年齡的孩子常常會向父母提出一串串精采的問題。比如，「天冷了水爲什麼會結冰？」「我是從哪裡來的？」等等。孩子們的問題有許多是父母們意想不到的，或者覺得可笑、荒唐。面對孩子的提問，有的父母可能會不耐煩地說：「**去！去！去！哪有這麼多爲什麼？**」也許他們自己也不太清楚，也許認為這些問題不值得回答。如果是這樣，會讓孩子感到很掃興、挫折乃至磨滅孩子對周圍事物的觀察與思考。

- **教育孩子觀察與思考相結合**。在培養孩子觀察的同時，還應引導孩子在觀察中積極思考，把觀察過程和思考結合起來。科學家看到某種奇特現象，也是要經過一番思考才能有所收穫的。只接收資訊而不思考就沒有創造。父母應該教育孩子養成觀察與思考的習慣，只有這樣才能讓孩子的觀察能力一天天敏鋭起來。

第2種好習慣

# 怎樣讓孩子長一對想像的翅膀？

世界像飛機的跑道，而想像力就是機翼，
有了想像的翅膀，飛機才能起飛。
每個孩子都有自己獨特的想像空間，
不同的父母將挖掘不同的寶藏。

想像是心靈之花，每個孩子都有自己獨特的想像空間。不同的父母將挖掘不同的寶藏。愛因斯坦說：**「想像力比知識更重要。因為知識是有限的，而想像力概括著世界上的一切，推動著進步，而且是知識進化的源泉。」**將自己的孩子培養成具有創造能力的人才是父母們的共同心願。對於孩子來講，充分發揮他們的想像力便是為日後的成功奠定了良好的基礎。大多數父母都知道，瓦特發明蒸汽機，牛頓發現萬有引力，飛機、飛船的發明都是基於想像。如果沒有想像，創造就無從談起。

一個早春，周娟女士帶孩子去畫畫，母子倆興致勃勃地走在林陰道上。她告訴孩子春天來了，讓孩子看看春天跟冬天有什麼不一樣。孩子仰頭看看這棵鬱鬱蔥蔥的大樹，又看看後面幾棵還沒長出新葉的小樹，問媽媽：「爲什麼春天來了，有的樹換上了綠衣，有的卻沒有呢？」母親鼓勵孩子好好想一想。孩子也許想起今天早上起來找不到衣服穿的情景，於是說：「媽媽，我知道了，春天來了，所有的樹媽媽和樹寶寶都要換上綠色的衣裙，這個樹寶寶起晚了，找不到媽媽爲他準備好的綠衣服正在著急呢。」母親趁機指著前面那棵依然是枯葉滿枝的古樹問他：「那又是誰呀，爲什麼還沒換上綠衣裳呢？」孩子不假思索地說：「那是奶奶，她老了，手僵硬了，衣服穿不上了，她正在焦急地喊：誰來幫幫我！誰來幫幫我！」

作為父母，周娟女士的做法十分可取。父母要善於引導孩子去聯想，學會傾聽孩子的語言，對孩子的聯想表現出極大的興趣，這是對孩子最好的激勵。

請看這樣一首詩：《你別問這是爲了什麼》

媽媽給我兩塊蛋糕／我悄悄留下一個／你別問這是爲了什麼／爸爸給我穿棉衣／我一定不把它弄破／你別問這是爲了什麼／哥哥給我一盒唱片／我選出最美麗的一頁／你別問這是爲了什麼／晚上，我都把它們放在床頭邊／讓夢趕快飛出我的被窩／你別問這是爲了什麼／我要把蛋糕送給她吃／把棉衣給她去擋風雪／在一塊兒唱那最美麗的歌／你想知道她是誰嗎／請你去問一問安徒生爺爺——／她就是賣火柴的那位小姐姐。

這首詩是由一位叫劉倩倩的湖北兒童創作的，曾獲「世界兒童詩歌比賽獎」。之所以能獲獎，就在於它表現了這個孩子純真美好的心靈，表現了她豐富的想像力。

一位母親被一張照片深深地震撼了：一個正在遭受饑餓的非洲兒童的手置放在一隻正常人的手掌上，製造出一種觸目驚心的對比。非洲兒童那瘦小乾枯的手簡直就不能叫做手，而像「雞爪」。母親連忙叫她八歲的兒子來看。孩子看後，心情很沉重，躺在屋後的草地上寫下了這首《望天空》的詩：

**「我在綠茵茵的草地上躺著／向蔚藍蔚藍的天空望著／把我嚴嚴密密的罩著／我要把天空翻轉／讓它變成一隻燒飯的鍋／燒出很多很多的米飯／讓全世界忍受饑餓的兒童／永遠不再挨餓」。**

這首詩獲得《中國兒童報》「優秀作品獎」。如果沒有孩子對苦難中的非洲兒童的深深同情，就不能激發孩子把天空翻轉過來變成一隻鍋的想像。

想像力不是生來就有的，需要在生活的點點滴滴中培養。那麼，父母怎樣培養孩子的想像能力呢？

• **多讓孩子參加有創造性的遊戲**。遊戲是孩子的主要活動，父母可以在孩子遊戲時鼓勵他們自己提出遊戲的主題和內容，如果養成了習慣，孩子的想像能力就會迅速地提高。

• **讓孩子多接觸圖畫，包括多看和多畫**。父母應多帶孩子觀察大自然和多看知識性趣味性强的圖片，這些是孩子展開想像的立足點。在此基礎上教孩子畫畫，鼓勵孩子把頭腦中想像的東西畫出來。開始時父母可以先畫一些基本線條，告訴孩子要畫什麼，再讓孩子根據自己的想像把畫畫完。孩子喜歡畫畫，父母最好不要代擬主題和內容，要讓孩子想畫什麼就畫什麼，這樣才能令孩子有廣闊的想像空間。此外，父母可以畫一幅未完成的畫，讓孩子想像並補畫其餘內容，構成一個完整的畫面。

• **多給孩子講童話故事**。童話故事適合孩子想像的特點，經常聽童話故事的孩子其想像能力比不聽、少聽童話故事的孩子要豐富得多。最主要的是父母講完後，讓孩子馬上複述。孩子可能在複述中有添枝加葉的地方，只要主題大意不變，父母就應該鼓勵。千萬不要潑冷水，以免壓抑孩子的想像力。父母給孩子講故事，有時可講到一定的地方不往下講，引導孩子對以後的故事情節進行想像。比如講述《曹沖秤象》，當講到該怎樣秤這陸地上最大的動物的重量時就停住，讓孩子想一下，用什麼辦法可以秤象？促使孩子動動腦筋積極思考，久而久之，孩子就習慣邊聽，邊動腦筋，發展了想像力。

• **讓孩子進行「情景描述」**。父母可以經常和孩子做這樣的遊戲。例如，父母說：「這是一個下雪天，想想看是什麼樣子？」孩子根據他的想像進行描述。反過來，孩子也可以問父母：「這是一個下雨天，想想看是什麼樣子？」此時父母應盡量認真細緻地描述一番，從中給孩子一些啓發。諸如此類的問題有許多。在想像時孩子的程度會有差別，父母要引導他們講述更加豐富的內容，讓孩子盡情的說出他的想

法。即使他的答案很滑稽，甚至不合邏輯，都不要批評，唯有你的傾聽、接納才能引導出更好的答案。

・**發展孩子的想像力**。首先是激發孩子的好奇心。好奇心是人類認識世界、探索自然和社會奧秘的原動力，是促進想像力發展的重要條件。如果把强烈的好奇心和科學的想像力結合起來，就會表現出很大的創造性。其次是培養孩子豐富的情感。豐富的情感是激發人們想像活動的重要心理因素。

第3種好習慣

## 怎樣給孩子一片「破壞」的天空？

給孩子一片「破壞」的天空，
孩子「破壞」失去的只是可估量的價值，
而得到的則是一生受用不盡的財富。

創造力是一個人在傳統知識和習慣的包圍中，發現、探索、掌握事物的能力。也就是說，創造是無法在現有知識中找到的。其實，每個孩子都有創造力，只是我們做父母的沒有發現。比如，有的父母對孩子所提出的問題，經常給予現成的答案，結果使孩子逐漸養成懶得動腦筋的習慣；否則就是置之不理，甚至叫孩子閉嘴。也有些好奇的孩子喜歡把家中的東西拆開來一探究竟，結果當然少不了一頓責罵，孩子的創造性便漸漸消失了。發明家愛迪生曾經說過：「善於創造的人，往往具有一個奔馳的腦筋。給孩子一片「破壞」的天空，孩子「破壞」失去的只是可估量的價值，而得到的卻是孩子一生受用不盡的財富：思考、創造和智慧。」

有這樣一個故事：一天，有一個孩子的母親因孩子把她剛買回家的一隻金錶給弄壞了，就狠狠地揍了孩子一頓，並把這件事告訴了孩子的老師。不料，老師卻幽默地說：「恐怕一個中國的〈愛迪生〉被你槍斃了。」這個母親不解其意，老師說：「孩子的這種行爲是創造力的一種表現，你不該打孩子，要解放孩子的雙手，讓他從小就有動手的機會。你可以和孩子一起把金錶送到鐘錶店，讓孩子站在一旁看修錶匠如何修理。這樣，修理費就成了學費，孩子的好奇心可以得到滿足，說不定他還可以學會修理呢！」

這個故事發生在半個世紀前。故事中的那位老師就是著名的教育家陶行知先生。故事明白地告訴父母，要保持孩子的創造性，讓孩子在好奇心的驅動下學會創造。

創新是一個成功者必備的素質。孩子從小展現出來的創新天賦是各種各樣的，他們愛幻想、愛動，而且，沒有成人的束縛，他們敢於將大膽的想法付諸實施。在這些幻想中，蘊涵著大量創新的火花，猶如金礦中蘊涵著金子。

張肇牧從小就聰明異常，考入全國最好的大學——北京大學，畢業後又被哈佛錄取。在衆多對他敞開大門的世界著名大公司中，他選擇了所羅門金融投資公司，年薪十五萬美元。張肇牧也許只是個平常人，但是他有一個富有愛心和智慧的母親，在這位人生第一位老師的培養下，張肇牧才能煥發出如此奪目的光彩。

一天媽媽下班回到家後，剛走近廚房，就嗅到一股怪怪的刺鼻的味道。肇牧正在廚房裡，他看見了媽媽，就直往後退，他努力想用身子擋住身後的一個大鍋。媽媽過去一看，濃烈的怪味正來源於這個大鍋中的東西。

原來，淘氣的肇牧竟然把架子上的醬油、醋、酒、麻油、蝦油和蕃茄醬等等，統統都倒在一起，調成了黑乎乎的一鍋。

媽媽頓時就發火了：「你什麼不能玩啊？為什麼這麼淘氣啊？」肇牧低垂著頭，怯怯地說：「媽媽，我想配一種藥水，讓蚊蟲一叮就自己死掉。」

儘管這餐晚飯弄得爸爸媽媽前所未有地手忙腳亂，但是他們沒有打他，甚至重話也沒說一句，孩子雖然做了件傻事，但其中蘊涵著的創造欲是極可貴的。

孩子的一舉一動都蘊涵著創造力，儘管它只是雛形，卻是偉大的。那麼，怎樣培養孩子的創造力呢？我們的建議是：

• **提高和激發孩子的好奇心**。其實，孩子愛「破壞」是天性使然，是其創造萌芽的一種表現。他們對各類陌生事物充滿新鮮、好奇，並身體力行，欲用自己雙手探求這未知世界。合理利用孩子這種天性，多方引導、鼓勵，孩子的創造力就會得到進一步深化。反之，老實文靜聽話的乖孩子，家庭雖少了「破壞」氣氛，大人安心，但孩子天性被抹殺了，培養出的孩子多半循規蹈矩，缺少頭腦，依賴性強，泯滅了孩子愛動、好奇和勇敢，甚至是冒險的天性。

• **鼓勵孩子自己解決問題**。當孩子遇到困難時，父母不要直接告訴答案，也不要直接告訴解決問題的辦法，而應提示引導孩子自己想辦法解決。

- **教育孩子要勇於認錯、勇於承擔責任**。這是科學創造應具備的基本素質。
- **輔導孩子自己動手**。父母可以經常指導孩子做一些小玩具和小實驗，關鍵是讓孩子自己做，並且要一絲不苟地去做。

# 第4種好習慣

## 怎樣給孩子獨立思考的機會？

思考好比播種，行動好比果實，
播種愈勤，收穫也愈豐。
一個善於獨立思考的孩子，才能品嘗到金秋的瓊漿玉液，
享受到大地賜予的豐收喜悅。

愛因斯坦說：「**學會獨立思考和獨立判斷比獲得知識更重要。不下決心培養思考習慣的人，便失去了生活的最大樂趣。**」有的父母把一切事物都安排得十分妥善周到，從來就沒有什麼事需要孩子自己去考慮，長此以往，會扼殺孩子的思考能力，更談不上解決問題的能力了。父母要培養孩子獨立思考的習慣，給孩子創造一個思考的空間。

我們還是再來看一看張肇牧的故事。肇牧十分喜歡做實驗性遊戲，當聽爸爸媽媽說要做有趣的實驗遊戲時，肇牧非常高興。與往常一樣，由爸爸說，他動手。

**「肇牧，從你的玩具中，找出兩個同樣大的杯子，一個比杯子大的碗或者是鍋都**

行。」肇牧將三樣東西拿來了。「爸爸，你看行嗎？」爸爸滿意地說：「行。你用鍋裝些水來，並且將水分別倒進兩個杯子，要求兩個杯子的水要一樣多。」肇牧按示意進行。然後爸爸問肇牧：「你看兩個杯子的水，是不是一樣多呀？」肇牧左看看右瞧瞧，說：「啊，是一樣多。」「你將一個杯子的水倒進鍋裡，你再看看，是鍋裡的水多呀，還是杯子的水多？」誰知肇牧不假思索地給了爸爸滿意的答覆：「一樣多。」「爲什麼？你看鍋裡的水這麼少，杯子的水那麼多，怎麼是一樣多呢？」肇牧從容地說：「爸爸你看，這是兩個同樣大的杯子，我倒進的是同樣多的水，然後再把這個杯子裝的同樣多的水倒進了鍋裡，因爲鍋比杯子大，所以看起來鍋裡水像少些，其實它們一樣多。」

誰能相信，這是一個年僅四歲的孩子對液體容量守恆定律如此肯定的回答，而且思維清晰，語言表達準確、完整！

上小學二年級的時候，數學教學正進入直式運算階段，學生們都能按照老師的要求，從低位向高位順序運算，唯獨肇牧別出心裁從高位到低位進行逆向運算，經老師指出後，他竟一意孤行。爸爸媽媽問他時，肇牧振振有詞：「從左邊算到右邊是我想出來的竅門。」

聽他這麼一說，爸爸媽媽意識到肇牧雖然違背規律進行運算，卻透露出一種萌芽狀態的獨創精神。於是爸爸媽媽在對他的「找竅門」給予充分肯定之後，循循善誘地

告訴他，對自己周圍的事物要多方位觀察，對思維結果還需驗證，驗證的標準就是看它的實際效果。然後，爸爸媽媽與他一起分析逆向運算的弊端。最後，他口服心服地忍痛割「愛」了。正是由於小肇牧舉一反三的能力，同時培養了小肇牧的思維、判斷和推理能力。

那麼，父母如何培養孩子的思考能力呢？我們給父母們的建議是：

•**創造一個思考的空間與環境**。這對孩子形成獨特的個性，表現有創新意識的思維、舉動很重要。父母不能因為孩子小，需要成人照顧而把他看成是成人的附屬品。孩子也是一個完整、獨立的個體，應該允許他有自己的世界，有自己的空間。有句話說：「**什麼樣的父母教出什麼樣的子女**。」因此，在父母努力啓發孩子創造力時，不要忘了同時培養自己的創造力，使父母成為能欣賞創造力，並能與孩子創造力互動的主力。因此，不必在孩子與孩子間製造競爭壓力，也不必為了培育創造力，將家庭生活弄得緊張、沉重；更不必一反常態，變成嚴肅又過分認真的父母。真正成功的創造力培養者，是能與孩子一起學習、一起成長，像個摯友般地傾聽孩子的心聲，了解孩子的舉止，知道何時給他掌聲，何時扶持他一把，沒有命令、沒有壓抑。

•**讓孩子學會思考**。父母在和孩子相處與交談中，要經常以商量的口氣進行討論式的協商，留給孩子自己思考的空間，要給孩子提出自己想法的機會。父母可根據交談內容經常發問，如：「這兩者有什麼關係」、「你覺得怎麼做會更好」、「你的想法有什麼根據」等問題，以引起孩子的思考。

**•培養孩子的創造性思考的方法**。可以從以下幾個方面努力：

培養孩子打破沙鍋問到底的習慣，鼓勵孩子凡事常問幾個為什麼。父母要不厭其煩地給予正確回答。對孩子的提問努力表現出興趣，與孩子一起去思考，去尋求未知的答案，孩子提出問題的欲望就會不斷增強。

不要阻止孩子探索性的行為活動。如孩子為了看個究竟，拆卸了玩具和物品，大人不要生氣、譴責。

傾聽孩子有意義的「瞎説」，允許孩子有「稀奇古怪」的想法。如遇到交通堵塞的時候，孩子向父母描述他要造一種帶翅膀的汽車，如何在天上飛過去時，父母也可在旁邊添油加醋。

# B篇 讓孩子學會關愛

## 關愛習慣的培養

第5種好習慣

# 怎樣培養孩子關照父母的習慣？

愛是雙向的。

「誰言寸草心，報得三春暉」。

獨生孩子在家庭中，物質和精神方面都享受到最大的愛，如果這種愛僅僅是向兒女的單向傾斜，而不能實現愛的雙向交流，那麼這種愛就是畸形的溺愛，甚至還沒有脫離動物的本能。只有把大家給予他（她）的愛轉化為他（她）對大家的愛，這才是理性的愛，才是愛的昇華。當年幼的孩子學會了關照父母之後，未來才能夠做到愛工作、愛國家、愛社會！

一位叫李雷的孩子從自己的親身感受中，知道了父母的艱辛。

身為獨生子的李雷上小學時對父母缺少關切之情，不能了解父母的愛心，父母為此感到傷心。李雷的父親苦惱之下請教了一位教育專家，專家聽了他的訴說深表理解，教給他一些方法。

假日李先生騎車帶李雷到公園裡玩。看完各種動物的表演，李雷十分興奮。回家的路上行人稀少，李先生問道：「**你覺得騎車有意思嗎？**」李雷說沒騎過，不知道是否有意思。李先生問他想不想試一下，李雷高興地表示同意。於是李先生騎坐到後車架上，雙手伸直了握住車把，李雷騎上車，憑自己的操作使自行車滾滾向前，自然使李雷興趣陡生。可是他畢竟還小，騎過八百公尺後就有些體力不支了，額頭上也滲出了小汗珠。最後他喘著粗氣停下來，好奇地問：「**爸爸，你騎車帶我上學也這麼費力嗎？**」李先生說：「**儘管我力氣大些，不過每天也都很累，尤其是上坡時更費力氣。**」星期一李先生照常騎車帶兒子上學。騎到一個上坡處時，坐在後邊的李雷忽然跳下來，用一雙小手推起車來，李先生心滿意足，真誠地說了一句：「**感謝兒子，你現在知道關心別人了，這太使我高興了。**」

李雷為什麼變了？是專家教給李先生的方法發揮了效果——讓孩子多體驗。體驗到別人的疾苦，才能激起愛心或同情心，從而設身處地為別人著想。

在日常生活中注意培養孩子關照父母的習慣。如，當爸爸下班回來，教育孩子：「**爸爸，您辛苦了，我給您拿拖鞋！**」等爸爸換完拖鞋，再及時提醒孩子為爸爸端杯水。吃飯時，爸爸還沒回來，要提醒他給爸爸留飯或耐心等待。當他們學著要為父母做一點事時，哪怕是替媽媽倒杯茶、替爸爸拿支筆，父母都應該給予鼓勵。經常讓孩子進行一些力所能及的勞動也很必要，只有在他們有了切身體驗時，他們才能領會父母照顧他們的辛苦，從而知道體諒父母，盡自己的力量幫父母做事，為父母分憂解愁。父母要使孩子懂得：在家庭中，他不僅有享受父母愛撫的權利，同時又有自己應盡的義務。比如，聽從父母對於飲食起居、生活方式和用品購買的合理安排，樂於接受父母的正確要求，並參加一些力所能及的勞動等。在這種和睦的家庭氣氛中，孩子對父母的尊敬就會自然養成。

我們給父母們的建議是：

• **讓孩子從小養成尊敬父母的習慣**。天下萬千父母心，皆望子女能成材。從根本上說，孩子能夠達成父母的期望，就是對父母的最好的報答和最大的尊敬。同時，尊敬父母這種道德情感，又具體地表現在一些日常的習慣上。父母應從小讓孩子養成這些好的習慣。如，聽父母說話要專心，父母招呼要立刻答應；出門要告訴父母，回家要先向父母打招呼；對父母說話要恭敬，要聽從父母的正確管教；自己在外的情況要常對父母稟報，不要隱瞞；體諒父母的辛勞，逐步做些力所能及的家務；不影響父母的學習、工作和休息，關心父母的健康等。

• **父母應樹立自己的威信**。有威信的父母才能獲得孩子的尊敬。父母的威信，嚴厲打罵「打」不來，單純疼愛「疼」不來，用錢買它「買」不來，反覆說教「說」不來；只有在他們自己模範行為的影響下，在他們對孩子的幫助中，威信才能樹立。

‧**父母的威信來自他們的事業**。當孩子閃動著好奇的眼睛開始觀察周圍世界的時候，家長就應該向他說明自己的工作。比如，爸爸是一位建築工人，他可以指著新建的大樓告訴孩子，會有許許多多的人高興地搬進去住。媽媽如果是一位教師，可以因為學生的進步，而在孩子面前喜形於色。「**爸爸媽媽是社會所需要的，他們在爲社會作貢獻。**」在孩子心目中的這種自豪感，是父母樹立威信的基礎。

第6種好習慣

# 怎樣讓孩子懂得回報？

飲水思源、知恩圖報是高尚的；
忘恩負義，以怨報德則是可恥的。
懂得回報，最重要的是讓孩子學會感謝。

回報是一種對給予我們幫助和愛的人的真誠感激。飲水思源。知恩圖報是高尚的。反之，忘恩負義，以怨報德則是可恥的。

美國前總統雷根，每年南茜生日時，他總要送一束鮮花給南茜的母親，並在賀卡上寫道：「**感謝您生養了南茜。**」雷根的故事感動了許多的美國人，也許這正是雷根獲勝並能連任總統的原因之一：一個如此情深義重的總統怎麼會不去愛他的人民，報答他的人民呢？常言道：不做父母親，不知父母恩。

這是一位父親的親身經歷：有一天深夜，我正在為一部書稿而勤奮筆耕。我答應過孩子，用這部書稿的稿酬給她買一架鋼琴。三歲多的女兒被尿憋醒，上完廁所後，她睜開惺忪的雙眼，對我說：**「爸爸，你還在工作啊！早點休息吧！」**那一刻，我的雙眼濕潤了。女兒小小年紀，就知道關心爸爸，怎能不讓我感動呢？每當我下班回到家裡，只要女兒在家，她總是說：**「爸爸，你回來了！」**然後，拿拖鞋請我換上，再端來一杯水。那一刻，我感到女兒真的長大了。……這就是愛，一種知道回報的愛。

有一個孩子，他爸爸媽媽從鄉下來到深圳，租住在一間很簡陋的鐵皮屋裡，為謀生包開了一輛中型巴士，父母日夜工作，非常辛苦。可是讀六年級的孩子卻一點也不體諒父母的辛勞，整天向父母要錢，今天五十元明天一百元，不給就不上學，甚至打爛家具，打罵父母。

還有一位叫尹禮遠的孩子，家境貧寒，父親左手殘疾，母親癡呆。他從小就看到父母為了生計在田地裡辛苦工作的身影，他們艱難地支撐著家，艱難地養育著孩子，使他除了更加勤奮刻苦地學習，以此來報答親人對他的期望之外，還想辦法減輕家裡的負擔。為了節省作業本，他寫了擦，擦了寫，至少要寫三遍。為了節省鞋子，暮春時就光腳，一直到立秋才穿鞋。若是下雨下雪，冬天也要脫下鞋走路。寒暑假還去工地做工賺學費。

這兩個孩子形成鮮明的對比，給所有父母提出了一個問題：怎樣教孩子懂得回報？最重要的就是要教孩子學會感謝。

- **第一個要感謝的人是母親**。母親既給了孩子生命，又哺育孩子成長。母親應該多向孩子講述他們成長的故事，使孩子從小意識到自己並不是石頭縫裡蹦出來，也不是山上撿來的，而是媽媽一點一滴養大的。當然媽媽在講述時要自然，感情要真摯，不可讓孩子覺得你在「居功自傲」，要讓孩子體會到無私和高尚的母愛。做父親的心要細些。孩子們都很重視自己的生日，早早就策劃自己的生日怎樣度過。很多父親花很多錢把孩子的夥伴請到餐廳開派對，燭光閃閃，笑語歡歌，好不熱鬧。可是心細的父親不應該忘記在給兒子切生日蛋糕前，告訴兒子選一支鮮花送給媽媽，感謝媽媽在這一天送他來到這個世界上。

**・第二個要感謝的是父親**。所有的母親要教育孩子尊敬和熱愛他們的父親。告訴孩子父親的辛勞，父親為這個家庭所做的種種犧牲和努力。父親是家庭這艘大船的船長，感謝他給了我們安全和温暖的家。教育孩子好好學習，好好做人，以報答父親的辛勤。

**・教孩子感謝老師和學校**。學校從父母懷中把孩子接過去，將孩子培養成强健善良勤勉的少年。父母常常諄諄告誡孩子在學校要聽老師的話。但是要真正使孩子聽老師的話，首先要讓孩子尊敬老師，能細心體會到老師的辛勤教育而感謝老師。不要當著孩子的面批評老師或學校，一旦教師和學校在孩子心中失去了威信，那麼您孩子教育的危機也就來了。他不再聽從教師的教導，您也就無計可施。因此，父母們千萬要維護教師的威望，這是為您的孩子著想。

‧**讓孩子感謝他的朋友**。有不少父母因對孩子的世界漫不經心，所以常常會忽視孩子之間的友情，結果造成對孩子的傷害。事實上，做父母的應該重視孩子們之間的友誼。在孩子的世界裡自有一種父母無法想像的「法令」和相互間不可忽視的影響力。

第7種好習慣

# 怎樣培養孩子幫助別人的習慣？

教育孩子，幫助別人，
其實就是在幫助自己。
竭盡全力去幫助別人，會使人變得慷慨；
關心別人的痛苦和不幸，會使人變得高尚。

父母要培養孩子幫助別人的好習慣，教育孩子，幫助別人，其實就是在幫助自己。關心他人，竭盡全力去幫助別人，會使人變得慷慨；關心別人的痛苦和不幸，設法去幫助別人減輕或消除痛苦和不幸，會使人變得高尚；時常為他人著想，會豐富自己的生活，增加自己的涵養。

小A上小學時，因為他年齡小，身體瘦弱，在學校經常受到大孩子的欺侮。後來爸爸媽媽因為工作的關係離開了家，雖得到奶奶的照料，卻缺乏父母的慈愛，環境使他感情比較冷漠，只知道自己保護自己，不知道關心別人，無論在家中或學校，都是獨來獨往。

媽媽把他接到身邊時，他已經十二歲了。怎麼改變他的孤僻性格，喚起他對生活、對家人、對同學、對朋友的熱情呢？多次找他促膝談心，效果都不大。最初他根本不願將自己的內心想法吐露出來。媽媽要他多關心別人，他的回答是「誰關心我呀」，或者是「自己管自己就行了」，「反正我不做壞事就好了」，「誰關心誰呀」。

有一次小A去頤和園玩，把一串鑰匙弄丟了，回來後十分懊喪。爸爸媽媽上班去了，沒有鑰匙怎麼開門呢？那上面還有小抽屜的鑰匙，現在家門進不去，抽屜也打不開了，真是彆扭。媽媽叫他到失物招領處看看，他根本不信有人會管這樣的閒事。後來媽媽給失物招領處打了電話，果然有這麼一串鑰匙。媽媽帶著他到頤和園去，那裡的工作人員把鑰匙交還給他，並告訴他這是一個十二、三歲的孩子撿到的。媽媽又帶他參觀了失物招領處，那裡有各種各樣的物品，都是遊客撿到後送來的。在事實面前他似乎有所領悟，「果真有這麼多人管閒事」。這時媽媽再對他講，人世間都應當互相關心，互相幫助，誰都離不開別人的幫助，所以誰都應當盡力去幫助別人。他不再像以前那樣聽不下去了，還說：「**可不是嗎，就是那位小朋友做了好事，使我找到了鑰匙，如果再去配鑰匙，該有多麻煩呢！那位小朋友的舉手之勞，省了我多少事！**」媽媽告訴他，以後你也要關心與幫助別人呀。此時媽媽的話，小A聽來句句入耳，頻頻點頭，因為事實教育了他。事實的教育是最深刻、最有說服力的。

不久，小A去體育館看球賽，散場時人很擠，他看到地上有一張月票，是一個中學生丟的，他就撿起來拿回家了。媽媽問他準備怎麼處理時，他略加思索後說，月票上有地址，我馬上把它寄給這位小朋友。他當即找出信封把月票裝進去，寫上地址，貼上郵票，高高興興地把它丟進了郵筒。媽媽問他為什麼辦得這麼快時，他說：「今天才四號，月票還是新的，小朋友丟了月票該多著急呀！我的鑰匙不也是一位不相識的小朋友及時交到失物招領處的嗎？我爲什麼不這樣做呢？如果是以前，我才不管它呢！」

媽媽把握時機地悉心教育，總算在小A身上見到了初步效果。從上面的例子，可以看到抓住實例，耐心引導，就能取得顯著的成效。

父母積極教導孩子助人可從以下幾個方面入手：

• **處事積極**。要幫孩子了解如何助人？光是告訴他哪些事不可以做是不夠的，你應該鼓勵他行事積極、懂得冒險。

• **解釋原因**。就像孩子得由大人告訴他們打人、罵人是很不好的一樣，他們也有權力知道幫助別人是多麼好的一件事。譬如：「如果你也把你的小車讓妹妹玩，你就不會讓她覺得好傷心，她會很高興！」

• **給孩子機會，讓他去幫助別人**。培養孩子對周圍人事與情感的敏銳，並讓他們去嘗試自己所學到的。例如：假設哥哥或弟弟不舒服，或小狗狗生病了，讓他去照顧，從經驗的累積中會使他了解什麼是「幫助」。在幼稚園，應教育孩子關心幫助別

的小朋友，當小朋友摔倒了，要主動扶起來，並加以安慰。在這種舉動中，將會體驗到幫助別人的快樂。

• **幫助他們形成「利社會」的自我形象**。也就是讓他們分享幫助人的感覺與快樂。

# 第8種好習慣 怎樣培養孩子的愛心？

愛是教育孩子最自然、
最直接的方法與手段。
父母通過愛的感染，
培養孩子的同情心，關心人、幫助人。

教育家劉紹禹曾經說過：「不要太關心兒童，太關心了容易養成孩子自我中心的心理，結果變成自私自利的人。」有一位八歲的小女孩在日記裡寫道：「爸爸媽媽都說我是太陽，可是我寧願做星星。因爲星星有好多好多朋友。」星星不會孤獨，星星會互相關心，互相愛護，努力發出自己的光彩，照亮自己，也照亮別人，共同組成美麗而迷人的星空。這不正是我們所期望的孩子們手拉著手，互助友愛，建立充滿著愛的世界嗎？

孩子的自私在家庭裡也許不容易看到，但來到一個團體裡就非常分明。自私的孩子總怕自己吃虧，也絕不讓自己吃虧。勞動時總是揀輕的活幹，把髒活、重活給別人；發新書時，把好書留給自己，把破書留給別人；出去坐車時，他總跑在最前頭搶占最好的座位，不管老師在那裡站著，體弱多病的同學在那裡站著。關心他人的孩子卻恰恰相反，他首先想到的不是自己，而是別人。他不怕吃虧，樂於助人。

有一位二年級的男孩轉學來到某校，老師安排他與小乙同座，他望望周圍沒有一個認識的小朋友，怎麼辦呢？第一節課他幫小乙削鉛筆，於是他有了一個小夥伴，下課後他幫鄰桌的小丙拾起地上的鉛筆，他們就三個人一起玩了，再一節課，他扶起跑得太快而跌倒的小丁，於是他在短短的時間裡擁有了三個小夥伴。放學後，他主動留下來幫助幾個值日生打掃，然後一起回家。不到三天這個孩子與班上所有的孩子都熟了，小朋友都願意跟他玩。而另一位六年級的男孩卻完全相反，他學習很勤奮，成績很棒，但轉學後一個學期了也沒能融入群體。他在日記中寫道：「**我很孤獨，因為我在這裡沒有朋友。我的好朋友都在××小學。我只有發憤學習，以優異成績考入市重點中學，才能與我的好友相見。**」他經常在日記中回憶他與好友在一起的快樂日子，憧憬著重逢的情景並且常常做夢，夢見自己與好友相聚的喜悅，醒來無比地惆悵。他的問題是：應關心和幫助周圍的同學，由此他會獲得同學的敬重。

在孩子們的交往中，總是那些熱情開朗、樂於助人的孩子容易融入群體，被同學們所接納，從而感到輕鬆快樂，而那些孤僻的孩子往往是由於冷漠，不善關心別人，而感到緊張孤獨。

一次，某幼稚園阿姨對她所教的中班進行心理測試，其中有這樣一個題目：「一個小妹妹病了，冷得直哆嗦，你願意借給她外衣嗎？」結果孩子們半天都不回答。當老師點名時，第一個孩子說：「**生病了會傳染的，她穿了我的衣服，那我也會生病。我媽媽還得花錢。**」第二個孩子則說：「**我媽媽不肯。我媽媽會打我的。**」結果，半數以上的孩子都找出種種理由，表示不願意借衣服給生病的小妹妹。可巧了，這位老師的孩子也在該班，她實在不甘心這樣的結果，就問自己四歲的兒子：「**一個小朋友沒吃早點，餓得直哭，你正在吃早點，該怎麼做呢？**」見兒子不回答，她又引導：「**你給他吃嗎？**」「**不給！**」兒子十分乾脆地回答。媽媽又勸：「**可是，那個小朋友都餓哭了呀！**」兒子竟然答：「**他活該！**」

這不是特例。在現實生活中，孩子們的有些舉動足以讓人瞠目結舌。究竟是什麼使這些孩子這樣冷酷無情？愛心教育的忽視難辭其咎。有些教育者把智力、分數看得過重，而有意無意地忽視了包括「同情人」、「關心人」在內的人性、人格教育。作為現代人，需要有強烈的競爭意識，更需要以同情心、愛心等美好情感為內涵的人性美。

如何培養孩子愛心，我們給父母們的建議是：

- **讓孩子愛護身邊的小動物**。有條件的可以在家中餵養一些小貓、小狗等，讓孩子養成愛惜小生命的品德，有利於培養孩子的愛心。

**•可以採取講故事的形式，培養孩子從小善意的對待別人。**

**•做個有同情心的父母。**孩子會從父母的關心與呵護中形成一種免於恐懼與危險的依附，這種安全感使得他認為世界是個安全的地方。如此一來，孩子便有機會從父母的同情中，懂得同情別人。

C篇 讓孩子學會管理自己

# 管理習慣的培養

## 第9種好習慣

# 怎樣培養孩子自我管理的習慣？

讓孩子自己管自己，
自己的事情自己做，
父母們要作為榜樣，
用無聲的教誨為孩子展示做人的準則。

父母管孩子，是出於對孩子的愛，是孩子健康成長所必需的；不管孩子則是父母的失職，這是常理。然而管要有度，不把孩子管死；不管應有不管的原則，絕不放任自流。把握好尺度，對孩子成材是十分有利的。

一位母親是這樣教育孩子的：

從孩子上幼稚園起，她就訓練孩子把自己的東西用過之後放回原處，需要父母做的，讓孩子來提醒，而孩子能做的，父母從不代勞。有一次孩子上才藝班學畫忘了帶紙，她看到之後只是在一旁提醒孩子：「**再檢查一下，有忘記帶的東西嗎？**」孩子漫不經心地回答「**沒有**」，背起畫夾就走了。到了教室才發現沒帶紙，於是只好自己回

家去拿。有的人說她這樣不管孩子未免太過分了，在她看來，對孩子來說，懲罰錯誤的方法，必須是自己去改正，父母替他們改正，永遠也「改不正」。這次孩子雖然上課遲到了，但這事給孩子留下了深刻的印象，以後再沒有發生過類似的事。

許多事情就是這樣，父母事事替孩子想得周全，孩子就會想不周全，而在父母的「周全」當中去享受；父母事事「不管」則能啓動孩子的思維和四肢自己去管。漸漸地孩子才能養成自我管理的習慣。從這個意義上說，**對孩子事事不管才是最好的管**。

在許多家庭中，父母對孩子管教越多，造成孩子身上的問題越多的情況是普遍存在的。比如在生活上，父母成了孩子的保姆，使得五、六歲的孩子不能自己吃飯，上小學了不會穿衣服，上中學了由父母收拾書包，上大學了仍需要大人幫他洗衣服……這種保姆式的管法，使孩子沒有自己動手的機會，喪失了基本的生存能力；在學習上，有的父母甘當孩子的「拐杖」，陪孩子讀書，幫孩子做作業，不惜重金為孩子請家教。在父母不辭辛苦、忘我地付出之中，孩子自幼便產生了學習上的依賴。一些在中小學時名列前茅的「資優生」，一旦上了大學，沒有父母當「拐杖」，就變得寸步難行，學習成績一落千丈。這種「拐杖」式的管法，往往使孩子前功盡棄，功敗垂成；在親子關係上，不少父母以長者自居，言行專制，總是以為孩子什麼都不懂，習慣於把自己的想法强加給孩子，企望孩子時時處處按照父母的意願行事，孩子做這不行，做那不行，應該這樣，不應該那樣……全由父母支配，結果使得已經有了獨立意識、獨立人格的孩子的自尊心、上進心受到傷害，父母表面上管了孩子的事，卻管不了孩子的心。這種專制式的管法使孩子叛逆心理强烈，極易誤入歧途。

其實，對孩子管與不管是相輔相成、相互包容的。這就需要父母們以身作則去影響孩子，用無聲的教誨為孩子展示做人的準則；要以寬容的態度對待孩子，允許孩子在實踐過程中摔跤、犯錯誤，進而幫助孩子總結教訓，樹立信心，繼續前進；要以理智的方式指導孩子，給孩子指明成長的道路，奮鬥的方向，如此便可取得良好的教育效果。

我們給父母們的建議是：

•**讓孩子自己穿衣**。要想讓孩子自己在三、四歲之前完全學會穿脱衣服是不可能的，但自己穿衣，自己疊被，自我管理的意識都需要從小開始培養。兩歲左右的孩子已有自己穿脱衣服的念頭，雖然費時較長，也穿不好，但還是要不厭其煩地鼓勵孩子慢慢實踐，同時教給孩子正確的穿脱衣服方法。否則依賴性一旦形成，孩子會做的事也不願自己動手。除了鼓勵孩子自己穿脱衣服，還可以透過言傳身教使孩子逐步具有冷了添衣，熱了脱衣的意識。可以教孩子疊自己的小棉被，洗自己的小手帕，小襪子等等。培養孩子自己的事情自己做的觀念。

•**讓孩子自己整理玩具物品**。在自我管理中，玩具物品的收拾整理是非常重要的一環。

①父母可以為孩子的玩具和物品準備一個專門的放置地方，讓孩子知道這些東西各有各的「家」，每次玩好用好都要送回「家」去。

②要讓孩子意識到收拾玩具是自己的事，父母只是幫忙而已。

③要盡可能地用遊戲的方式導引孩子參與收拾整理，要堅持不懈、不斷强化，最後形成習慣。

# 第10種好習慣 怎樣培養孩子的自理能力？

有自理能力的孩子，什麼事情都會做，什麼事情都難不倒他，他的自信心就會很強

孩子的生活自理能力對孩子而言非常重要，它不僅關係到孩子生活是否舒適，也關係到孩子有沒有自信心。具備生活能力的孩子，什麼事情都會做，什麼事情都難不倒他，他的自信心就會很強。而缺乏生活自理能力，事事不會做，處處有困難的孩子，不僅生活上會遭受許多磨難，還會逐步滋長自卑心理，以至在學習和工作中也覺得自己處處不如人。

五十年前，著名的兒童教育家陳鶴琴先生曾針對父母對孩子照料過度的現象說了這樣一句話：「**做母親的最好只有一隻手。**」五十年過去了，今天做父母的對兒童過度照料的現象仍然相當普遍。孩子已經會自己吃飯了，父母還要一口一口地餵；孩子

會走路了，父母非要抱在懷裡不可，從這個大人手裡傳到另一個大人手裡，不讓孩子雙腳著地走路；孩子會自己拿東西了，父母不讓他們自己動手，而將東西一件一件地遞到他們的手裡；孩子會自己穿衣服了，父母不讓他們自己動手穿；孩子上學了，儘管距離學校很近，也不經過大馬路，父母卻每天要背著書包接送；孩子寫作業，父母要陪在旁邊，替他們削鉛筆，用橡皮擦去寫錯的字；寫完作業，父母不是要孩子自己收拾書包，而是替他們收拾。現在，許許多多的孩子什麼事都不用他們自己動手，一切全都由父母「承包」了。孩子過的是「飯來張口，衣來伸手」的生活，難怪有人稱他們是「小皇帝」。

教育專家針對這種狀況指出，在現代社會，人們不需要「皇帝」，即使是皇帝也要自立。孩子在家裡是「小皇帝」，到社會上都要成為「平民百姓」。平民百姓都要生活自理，連自己的生活都不能料理，就難正常生存。孩子在小時候，爹媽心甘情願地侍候這些「小皇帝」，爹媽年輕力壯，有精力侍候他們；但孩子從小過慣了「小皇帝」的生活，沒有學會生活自理，到他們長大了，爹媽也變老了的時候，問題就嚴重了。

當孩子還不能完全自理生活的時候，在生活上給予照料，是父母的責任和義務。但父母還應當明白，照料孩子的目的，不僅僅是為了使孩子生活得舒適、幸福，更重要的是在照料過程中教孩子逐步學會生活自理，進而掌握自立的能力。

劉少奇先生教育子女的「管放法」，值得我們學習。

劉少奇要求子女是很嚴格的。一九六四年夏季，王光美在河北省新城縣任職。為了鍛鍊十五歲的女兒平平，劉少奇特地寫一封信讓她送去，並囑咐秘書，不要給她買車票，不要送她去火車站，也不要通知王光美到車站接她，一切由她自理。秘書感到很為難，他想，平平畢竟是個小孩子，而且從未出過遠門。劉少奇看出秘書的心思，就對他說：**「對孩子一是要管，二是要放。什麼叫放呢？吃苦耐勞的事情，經風雨見世面的事情，都要放手讓孩子去做。這樣可能孩子會遇到一些挫折，但只有這樣做，才能使他們受到更多的鍛鍊，但也會成長得更好。」**

既「管」又「放」，對立統一。劉少奇簡單明白的幾句話，說明了教育子女的辯證法。相比之下，我們許多父母就沒有能解決好這個問題。有的父母只「管」不「放」，一管到底，什麼都管，自幼時管吃飯、管穿衣、管睡覺、管遊戲，上學後又管接送、管學習、管作業、管書包、管文具，一直管到上中學、上大學，把行李送到宿舍後還千叮嚀萬囑咐……如此管法，可說是全部包辦代替了。「管」的結果，子女不過是「溫室裡的花朵」，經不起任何風吹雨打。

年輕的父母們，為了孩子的未來，為了下一代的明天，請將孩子從「懷抱」中放下來，在日常生活中多給孩子一些生活自理自立的鍛鍊機會。提高孩子的自理能力，我們給父母們的建議是：

- **父母要修正觀念**。父母要充分認識到從小培養孩子自理、自立能力的重要性，讓孩子及早學會獨立，對他將來的發展是有幫助的。

•**給孩子提供獨立鍛鍊的機會**。在生活中，父母要鍛鍊孩子對日常生活的處理能力，使他在種種鍛鍊中逐步提高自己的自理能力。

•**讓孩子樹立生活自理意識**。孩子只有從思想上認識到自理能力的重要性和必要性，才能在行動上主動地和父母配合，也會使父母在培養孩子的自理、自立能力時不花費太多的精力和時間，並且得到顯著的效果。

•**根據孩子的年齡特點來培養**。孩子處在不同的年齡層都有不同的活動特徵。因此，不同年齡層的孩子，對其自理能力的要求有所不同。

•**教給孩子一些應急應變的方法**。父母可以經常設想一些特殊情況，向孩子提問，在孩子回答基礎上教給孩子一些特殊處理方法。

# 第11種好習慣 怎樣讓孩子獨立自主？

孩子的獨立性在很大程度上取決於自主的能力，自主的目的是成為一個有主見的、可以自我調節的、獨立的人。有自主能力的人，具有主動克服困難的能力。

在西方一些發達國家，孩子玩耍時，母親一般都不緊盯著。一旦孩子摔倒了，她們往往只在遠處注視，叫孩子自己爬起來繼續玩，孩子也很少哭。而我們在國內常見的情況是，孩子玩時，父母親常常是死盯在孩子後面，大聲地喊叫：「別跑！當心摔著！」「別摸！那兒髒！」「別走遠了，危險！」等等，喊個不停。當孩子不小心被絆倒時，趕快把他抱起來，又拍又哄。孩子本來沒有哭，反倒大哭起來。

許多情況下，父母的過分照顧、擔心和保護，成了孩子的沉重負擔。因為怕摔著，孩子十多歲了，還不讓他學騎自行車。特別是許多母親們，孩子一離開自己的視線，就會想像出各種危險可怕的情景，一會兒在路上讓汽車撞了，一會兒游泳給水嗆了。總之，一百個不放心。古人說，世上不會有怕孩子摔跤而不讓孩子學走路的媽媽。然而，現在真有不少因噎廢食的父母。因為怕孩子碰著、撞著，怕車禍，怕走失，於是給孩子設置了許多禁區，不許摸電器，不讓他碰爐灶，老大不小了，還不許單獨外出，已經上中學了不許單獨坐公車，不許自己去公園等等。

這種寸步不離的看管與設置過多的限制，會阻礙孩子身心的健康發展，使其各方面的能力，不能隨著年齡增長而得到相應提高，從而使他們產生自卑、抑鬱。在過度保護中長大的孩子，往往會優柔寡斷，膽小怕事，沒有勇敢面對困難的精神，也缺乏處理實際事務的能力。

謝軍是享譽世界的國際象棋大師，獲得過多項世界冠軍。她的成就令多少人羨慕，然而您知道嗎，她有今天的成就，與父母給她獨立自主的機會有著密不可分的關係。一九八二年，謝軍十二歲，小學快畢業時，是升重點中學還是學棋，兩條路任她選擇。謝軍和她的一家人，似乎都處在十字路口上，需要決定前進的方向。謝軍在小學六年中，七個學期被評為資優生。學校當然要保送她上重點中學。這樣品學兼優的孩子，誰見誰要。國際象棋的黑白格同樣牽引著謝軍和她的一家人，真是舉棋不定。是走媽媽的路，將來進高等學府，還是當旗手呢？誰也拿不定主意。還是媽媽做主，她叫來了女兒，用商量的語氣說：「**謝軍，抬起頭來，看著媽媽的眼睛。你很喜歡下棋，是不是？**」這是母親對女兒選擇道路的提問，從某種意義上講，也是對女兒將來命運的提問，母親充分尊重女兒的意見和選擇。謝軍目光堅毅、嚴肅地看著媽媽的眼睛，堅定地說：「我還是喜歡學棋。」母親得到女兒的回音後，她同意謝軍的選擇，同時又極其嚴肅地對女兒說：「好，記住，下棋這條路是你自己選擇的。既然你做出了這個重要的選擇，今後你就應該負起一個棋手應有的責任。」一個十二歲的女孩能懂得和理解這段話嗎？也許思維發達和超前的謝軍，聽懂了媽媽的話，了解了父母的良苦用心。

應該承認，母親和女兒的這段對話，謝軍會受益一輩子的。假如當初沒有這段話，或者是父母決定了女兒的前程，就都不會有今天的謝軍，中國也沒有今天的國際象棋「女皇」。

俗話說習慣成自然。習慣不是某種行為的偶然表現，而是一個人習慣化了的行為方式。讓孩子從小學會獨立自主，我們給父母們的建議是：

• **自己安排和自己負責**。這一點對於自我意識還沒有形成的嬰兒來說確實困難。但這個意識卻要在點滴的生活小事中及早播種，及早萌芽。每次帶孩子出門玩，可以讓孩子想想要帶什麼？幾次提醒，孩子便主動想起要戴好帽子或穿好外套。孩子會表達會思考以後，可讓孩子試著安排一下今天到哪裡玩？準備做些什麼？並幫助孩子分析這樣做的優劣和可能性。當孩子要帶東西出去而忘記帶或把帶出去的東西忘在外面而生氣發脾氣時，父母千萬不能自攬責任，而要讓孩子意識到自己想做的事自己應該

安排好，並且學著負責到底。

• **正確地認識和理解孩子**。要了解孩子在各個年齡階段普遍具備的各種能力。知道在什麼年齡，孩子應該會做什麼事情了，那麼就可以放手讓孩子自己的事情自己做，而不依賴別人。

• **給予充分的活動自由**。孩子的獨立自主性是在獨立活動中產生和發展的，要培養獨立自主的孩子，就應該為他提供獨立思考和獨立解決問題的機會。

• **與孩子建立親密的關係，讓孩子充分感受到愛**。因為獨立自主性的培養，需要以孩子的信任感和安全感為基礎。只有當孩子相信，在他遇到困難時一定會得到幫助，他才有可能放心大膽地去探索外界和嘗試活動。因此，在孩子活動時，父母應該陪伴在身邊，給予鼓勵。

# D篇 讓孩子修煉好品德

## 品德習慣的培養

## 第12種好習慣

# 怎樣培養孩子承認錯誤的習慣？

孩子的成長，是一個不斷犯錯，
不斷改錯的過程。
父母要培養孩子認識錯誤、敢於承認錯誤的習慣，
讓孩子用自己的眼光去看，用自己的頭腦去想。

父母都希望孩子能認真學習。父母會說：「孩子，只要你念好了書，什麼你都不用管。」其實，喚醒孩子內心的責任心，才能讓孩子在心理、思想上起深層次的變化。父母要教孩子學會發現錯誤。父母要了解孩子的能力、愛好、性格，這樣，才能對孩子循循善誘，使他們能認清方向，少走彎路，早日成功。

作家三毛生長在一個經濟並不寬裕的家庭裡。每個孩子每月只有一塊錢零用。而且這一塊錢也沒有完全支配的自由，還得由大人監督著使用。過年的壓歲錢，大人要收去繳學費和買書。三毛的這種經濟狀況，遠遠滿足不了她的需要。有個星期天，三毛走進媽媽的臥室，看見五斗櫃上放著一張耀眼的鈔票——五塊錢，她的眼睛一下子

直了。有了它，能夠買多少糖吃啊？三毛的腳一點點地向鈔票挪去。當她挪到能夠抓住那張鈔票時，突然像聽到有人吼了一聲，嚇了她一跳。她很快定下心來，目光掃視了房門口後，猛地伸手一抓，將鈔票抓到手裡，雙手將它捏成紙球，裝進口袋。

吃中飯時，媽媽自言自語地說：「**奇怪，剛才擱的一張五塊錢怎麼不見了呢？**」姐姐和弟弟只顧吃飯，像沒聽見。三毛有點坐不住了。她搭腔道：「**媽媽，是不是你忘了放在什麼地方呢？**」這一關過去了，但到晚上脫衣服睡覺時，三毛害怕了，她怕媽媽摸她的褲袋。當媽媽伸手拉她的褲子時，三毛機靈地大叫：「**頭痛！頭痛！我頭痛呀！**」三毛的這一手還真靈，媽媽顧不上拉她的褲子了，趕快找到溫度計讓她夾在胳肢窩裡。當媽媽和父親商量著帶三毛看醫生時，三毛半斜著身子，假裝呼呼地睡著了……

過了一天，三毛被拉去洗澡，媽媽要脫她的衣服，這一次三毛應付的方法是哭。媽媽見三毛不讓自己給她脫衣服，便叫傭人來侍候三毛。在換衣之際，三毛迅速地把五塊錢從褲子口袋轉移到手心裡。洗澡的整個過程中，她都死死地捏著那五塊錢。三毛一面洗澡，一面在腦子裡策劃如何扔掉這個弄得自己坐立不安的包袱。在她轉動小心眼的時候，時間不斷地流逝，外面等著洗澡的人把門敲得咯咯響。管它呢，就這樣辦了。浴室門一開，三毛箭一般地跑進了母親的臥室，不等穿好衣服，便將手裡那塊燙手山芋，扔進了五斗櫃和牆的夾縫裡。

次日早晨，三毛像發現新大陸一樣，驚訝地大叫一聲：「哎呀，媽媽！你的錢原來掉在夾縫裡了！」全家人相對一笑。媽媽給三毛找了個臺階下，她說：「大概是風吹的吧。找到了就好！」後來姐姐和弟弟向三毛透露了一個秘密——我們都偷過家裡的錢，爸爸媽媽也都知道。這一次爸爸媽媽也是在等著你自己拿出來。三毛好後悔，原來大家一直在觀看自己演戲。

每個人都會犯錯，但過失可以教給你的，卻是你在任何地方都不可能學到的。然而，唯恐犯錯的心理往往使人們不去嘗試新事物或承擔風險。

怎樣教會孩子們對待過失，我們給父母們的建議是：

- **父母應及時進行教育**。孩子做錯了事應及時進行教育，今天的事今天辦完。事過境遷再進行教育，會使孩子失去真實感。
- **父母應以理服人**。孩子做錯了事，在進行教育時，必須「曉之以理」，使孩子明白所做的事情為什麼不對。
- **父母的批評不應重覆**。孩子做錯了事，應當避免多次重覆地教育。如父親說過了，母親又接著說；今天說過了，明天又接著說，這樣容易傷害孩子的自尊心。對個性比較敏感的孩子應當特別注意。
- **父母的態度應該一致**。教育必須保持一貫性。切忌在自己心情好的時候，見孩子做了錯事也不加以糾正，心情不好時則任意責備、訓斥。態度必須保持一致性。如

果對一種行為表現，母親說對，父親說錯；今天說錯，明天又說對，這會使孩子無所適從，只有看父母的臉色行事。

• **父母應注意家醜不外揚**。孩子做錯了事，能在家裡進行教育的，不必拿到外面去。有的父母常嚇唬孩子說：「**明天我到學校去告訴你的老師。**」這樣使孩子產生恐懼或不信任感，其結果並不理想。

• **父母的教育要掌握分寸**。孩子犯了錯誤，父母如果批評過於嚴厲，會傷害其自尊心，甚至引起反抗；而如果批評不力，平平淡淡又不能震撼其心靈，他就會覺得無所謂。因此，父母必須從愛護孩子出發，嚴肅而又中肯地指出其錯誤所在、錯誤性質和危害，徹底揭穿其藉口抵賴的心理，並幫助他找出今後改正的辦法。這樣做，一般就可以達到批評的目的。

# 第13種好習慣 怎樣正確對待孩子的錯誤？

「孩子是伴隨著錯誤成長的。」
父母的責任就是一次次把孩子從錯誤的邊緣拉回來。
對孩子的錯誤聽之任之，一味順從，
會使孩子在錯誤的道路上越走越遠，從小養成許多壞習慣。

孩子畢竟是孩子，有時犯錯誤也是難免的，關鍵是如何對待孩子所犯的錯誤。

有一位哲人曾說過：「孩子是伴隨著錯誤成長的。」這句話說得很有道理，我們做父母的責任就是一次次把孩子從錯誤的邊緣拉回來。可是現實中有些父母對待孩子錯誤的方法並不正確，他們往往對孩子的錯誤聽之任之，一味順從，對孩子百般溺愛；有些則採用粗暴手段，使其屈服，對孩子輕則吹鬍子瞪眼，重則拳腳相加。前者使孩子在錯誤的道路上越走越遠，從小養成許多壞習慣；後者則容易使孩子幼小的心靈受到傷害，造成反叛心理，容易形成心理障礙。作為稱職的父母，既不能因為愛孩子而一味嬌慣，也不能以嚴格要求為名，用粗野的方式，傷害孩子幼小的心靈。

這是著名的教育家陶行知一則教育學生的故事：

有一名叫王交的男生用泥塊砸自己班上的男生，校長陶行知發現制止後，命令王交放學時到校長室去。放學後，陶行知來到校長室，王交早已等著挨訓了。可是陶行知卻笑著掏出一塊糖果送給他，說：「**這是獎勵你的，因爲你按時來到這裡，而我卻遲到了。**」王交驚疑地接過糖果。隨後陶行知又掏出第二塊糖果放到他的手裡，說：「**這是獎勵你的，因爲我不讓你打人時，你立即住手了，這說明你很尊重我，我應該獎勵你。**」王交更驚疑了。這時陶行知又掏出第三塊糖果塞到王交手裡，說：「**我調查過了，你用泥塊砸那些男生，是因爲他們不守遊戲規則，欺負女生；你砸他們說明你很正直善良，且有正義感，應該獎勵你啊！**」王交感動極了，他流著眼淚後悔地喊道：「**陶校長，我錯了，我砸的不是壞人，而是同學……**」

陶行知滿意地笑了，他隨即掏出第四塊糖果遞過來，說：「**爲你正確地認識自己的錯誤，我再獎勵給你一塊糖果……**」

讀罷這則故事，我們都會對陶老高超的教育藝術而鼓掌。擔負著教育孩子成長重擔的父母，都希望自己的孩子有出息，那麼做父母的就應該學習陶老的教育藝術，從正確對待孩子的錯誤開始。

父母責備孩子的方法會影響孩子的一生。不當的責罵，會在不知不覺中傷害孩子。譬如當孩子成績不好時，父母就罵：「**你眞笨哦！豬腦袋！**」控制不住自己的父母，還會對孩子動粗、體罰或其他威嚇等處罰方式，以此作為教育孩子的手段，這樣對孩子來說是有害的，並可能激起孩子的仇恨心理。為人父母者，應該學習自我控制，不能將怒氣全部發洩在孩子身上。

每個孩子都免不了會犯錯——孩子正是在糾正錯誤的過程中成長的。重要的問題不是孩子是否犯錯誤，而是父母採取何種態度。父母對待孩子的錯誤所採取的態度，恰如一把寶劍的兩面：它可以割破孩子的心，留下永恆的傷疤；也可以從中「掘出生命的新水源」。

對此，美國著名兒童心理學家基諾德把父母責備孩子的傷害語言歸納為如下十種：

惡言——傻瓜，沒用的東西。

侮蔑——你簡直是個廢物。

責備——你又做錯了事，簡直壞透了。

壓制——住嘴！你怎麼可以不聽我的話？

强迫——我說不行就不行。

威脅——我和你爸爸再也不管你，你想走就走吧！

哀求——我的少爺，求求你不要這麼做好嗎？

抱怨——你竟然做出這種事，太讓我傷心了。

賄賂——你要是都考滿分，暑假帶你去旅遊。你要是考不好，那就在家裡修整花園吧。

諷刺——你可真替爸媽爭光啊！居然考出四十分的成績。

這十種語言及其態度容易傷害孩子的自尊心，導致家長與孩子關係的緊張，父母必須克制自己的情緒，忌用這類傷害性語言。

我們做父母的應該像陶老那樣，實事求是、一分為二看待孩子的錯誤，學習陶老的教育藝術。我們的建議是：

- **對孩子的錯誤進行入情入理的分析**。如果孩子犯了錯誤，應先對孩子先肯定，讓孩子在和諧的氣氛中主動認識到自己的錯誤，讓溫暖的春風吹去孩子心中的灰塵，讓愛充滿孩子的心田，在愛的氛圍中使孩子受到教育、感化。
- **不要遷就**。要培養孩子知錯必改的精神，有了錯誤並不可怕，可怕的是知錯不改。
- **低聲調批評教育孩子**。孩子有缺點錯誤，父母對其及時批評教育，這是理所當然的。但有些父母大喊大叫，用高聲調，似乎不這樣做就不足以產生威懾效果。其實，高聲調的叫喊，只會引起孩子的反感，加劇親子間的緊張關係，收不到好的效果。

第14種好習慣

# 怎樣培養孩子誠實的品格？

誠實意味著互不欺騙、言出必行。一個人擁有誠實的品德才會擁有真正的朋友，獲得真正的友誼。

美國第一任總統喬治．華盛頓小時候聰明好動。有一次，他為了試試自己的小斧頭是否鋒利，竟把父親一棵心愛的櫻桃樹砍倒了。父親發現後，大發脾氣：「這是誰做的？」喬治．華盛頓心裡有些緊張，但他想了想之後，還是勇敢地走到父親面前，帶著羞愧的神色說：「爸爸，是我做的。」父親說：「孩子，承認把我喜歡的櫻桃樹砍倒了，你不知道要挨打嗎？」喬治．華盛頓見父親怒氣未消，便誠懇地回答說：「可是我告訴您的是事實啊。」父親聽了華盛頓的話，氣消了，高興地說：「小喬治，我很高興你講眞話，我寧願不要一千棵櫻桃樹，也不願聽到你撒謊。」喬治．華盛頓從父親的眼神裡看到了原諒和期望的目光，受到了莫大的鼓舞和鞭策。華盛頓正是在這樣的家教影響下，養成了誠實的品格。

我們試想一下，如果當孩子說了實話，父親知道是孩子做了錯事，反而大發雷霆，把孩子痛打一頓，那孩子以後還敢說實話嗎？我們的宗旨是讓孩子感到，對父母講真話並不可怕，完全可以得到父母的諒解，而不必說謊。

如果父母發現孩子有說謊的毛病，不要僅就說謊而批評他：**「這麼小的孩子你就說謊，長大了那還了得？」**這樣的訓斥對孩子沒有絲毫的幫助。更需要做的是對孩子的行為進行觀察，必要時對孩子的言行做深入的了解，這樣可以堵塞孩子說謊的漏洞，或者使孩子的謊言不攻自破，千萬別讓孩子嘗到說謊的「甜頭」。

列寧的母親瑪麗亞·亞歷山大羅夫娜曾成功地幫助八歲的孩子沃洛佳糾正了說謊的惡習。沃洛佳打碎了姑媽阿尼亞家的花瓶，但他卻不承認，因為他怕在不太熟悉的姑媽面前說出真相，丟了臉。列寧的母親分析沃洛佳是個好强的孩子，粗暴的訓斥會傷害他的自尊心，空洞的說教也無濟於事，唯有提供充分的時間讓他進行自我反省，在內心深處萌生出羞愧感，讓他自己糾正自己的謊言。於是，她假裝聽信了他的話。並以足夠的韌性和耐心等待了三個月。果然，在一天臨睡前，沃洛佳一下子哭了起來，說：**「我騙了姑媽。我說不是我打碎了花瓶，其實就是我打碎的。」**

列寧的母親糾正孩子說謊是採取「冷處理」的辦法，即讓孩子經過長期的思考與自我道德評價後，自己承認錯誤。這種辦法能使孩子從內心深處認識到撒謊不是好孩子，誠實才是美德。

要培養孩子誠實的品格，自己首先要做一個誠實的人。我們給父母們的建議是：

• **要有行為規範的具體要求**。要防止孩子說謊，教育孩子誠實，光講道理不行，要有行為規範的具體要求，讓孩子從小就按誠實的標準來嚴格要求自己，自覺的養成良好的習慣。因此，父母要針對孩子的實際情況，提出具體要求，比如不拿人家的東西，不編瞎話，不說大話，不謊報成績等等。

• **要鼓勵孩子說老實話**。孩子有了過錯，當他如實向父母報告以後，父母在處理上，應該明確地給予批評，因為這種批評是讓孩子明是非，辨善惡，是對他一輩子負責。但另一方面，父母不但不能由於孩子承認過錯而加重責罰，還要對這種老實認錯的行為給予表揚。這種表揚可以鞏固孩子「說老實話」這一美德，這對孩子勇於改正錯誤極有幫助。

• **適當懲誡**。有些父母採取懲誡的方法糾正孩子的說謊。這種為「誡」而「罰」，也是愛的基本方式之一，然而這又是一種最令人棘手和帶有風險的愛，因為孩子容易排斥施加懲誡的人。但是，如果你的懲誡出於愛心，又執行得合理、巧妙，事後講清道理，孩子會受益很大，並心悅誠服。

## 第15種好習慣

# 怎樣合理處罰孩子的過失？

懲罰，是教育中最複雜、最困難的方法。
當孩子有過失行為時，
聰明的父母應該責罰有度。

對孩子來說，在他犯了錯誤之後，取消曾經對他的許諾作為懲罰手段，會使孩子很敏感，越是非常想做的事情不能做，越能加深孩子對所犯錯誤的印象，進而避免類似錯誤再次發生。

期末考試剛剛結束的那天，小桐趁媽媽不注意，從家裡的抽屜裡拿了五元去和同學打電動。晚上被媽媽發現了，追問之下，小桐不得不承認了。媽媽嚴肅地指出了私自拿錢和去電動遊樂場這兩個問題的嚴重性，並且提出了兩個懲罰辦法：第一，三天內不准看電視；第二，原定的周日到公園划船的計劃取消。媽媽知道，看電視是小桐生活中必不可少的娛樂，每天除了兒童節目，還有體育節目，他都非常感興趣。而划船呢，是在小桐的要求下，考試前一個月全家就商量好的，他還特意在日曆上作了記號。實際上這兩項活動，對小桐來說比玩遊戲機更重要。可是犯了錯，不得不接受這樣的懲罰。難耐的三天過去了，周日也過去了。媽媽嚴格按照懲罰辦法做了，爸爸、奶奶的求情也沒有讓媽媽改變主意。這些天小桐非常痛苦，不時地反省自己的錯誤。他對媽媽說：「**以後我再也不會做那樣的傻事了！**」媽媽看到孩子的誠懇態度，感到很欣慰。恢復了孩子看電視，並且提出下周全家去划船，作為對小桐能夠承認錯誤的獎勵。小桐別提有多高興了，他對媽媽充滿了敬重和感激之情。

採用這種懲罰辦法的關鍵，是父母要有清醒的頭腦和堅定不移的態度。罰要罰到關鍵上，不要讓孩子覺得無關痛癢；既然採取了這種方法，就要堅持到底，不能半途而廢，否則反而讓孩子認為父母好對付，降低父母在孩子心中的威信。「用自然後果懲罰」，即「自作自受」。這種懲罰方式是十八世紀法國教育家盧梭最先提出來的。他主張孩子犯了錯誤，不給予人為的懲罰，而是讓孩子在錯誤所造成的直接後果中去體驗不快或痛苦，從而迫使其改正錯誤。他舉例說：「**孩子打破了他所用的東西，不要急於添補，要讓他自己感受到需要它們。比如他打破了自己房間裡的玻璃，讓風日夜吹向他，也不怕他因此而傷風，即使是傷風也比漫不經心要好。**」

作為父母，對孩子使用懲罰要講究策略，才能取得良好的教育效果。我們的建議是：

**•懲罰不要過於頻繁**。採取諸如上述各種懲罰辦法，只是教育孩子的手段之一。平時盡量少用懲罰，仍以說服教育為主。如果動不動就懲罰孩子，會使孩子習以為常，懲罰的作用也就喪失了。尤其是這種方式使用多了，會傷害孩子的自尊心。經常處於自責、壓抑的狀態，還容易形成冷漠、孤僻的性格。

**•懲罰要保持一致性**。這種一致性包括幾個含義，比如父親懲罰孩子的方法，母親不要當著孩子的面否定。如果孩子有了母親的同情，會使懲罰不具任何效力；孩子的同一個錯誤，不要父親懲罰過了，媽媽再去懲罰，最好是父母商量好了而採取一致的意見；如果孩子再次犯同樣的錯誤，懲罰應當比上一次更重，而不可因為當時自己的心情如何或是其他的原因輕易放過。如果該罰時不罰，孩子會產生僥倖心理，或者專看父母的臉色行事，而不會悔過自新。

# E 篇 讓孩子學會與人合作

## 溝通習慣的培養

## 第16種好習慣

# 怎樣培養孩子的合作精神？

一個懂得合作精神的孩子會很快適應工作環境，並溶入團體；
而不懂合作的孩子在生活中會遇到許多麻煩，而無所適從。

培養孩子的合作精神，首先要給孩子正確的觀念，對家務勞動與家庭生活進行一些討論是必要的：關於孩子的年齡與做事的能力，關於大家生活在一起應相互幫助，關於每個人應負的責任，隨後便是列出家庭生活所包括的勞動項目等。這本身對孩子就是一個很好的教育，知道維持一個家庭的正常生活需要花費多少勞動，因而體會到父母的辛苦。這樣的討論會在孩子們心中建立起家庭是一個生活團體的概念，每個人都要各司其職，相互幫助，才能生活圓滿。

到郊外野餐是美國孩子們十分喜歡的假日活動之一。勞動節的週末，威爾遜和埃迪的父母要帶他們去州裡的國家公園爬山然後野餐。臨行的前一天，一家四口人商量該如何進行準備：媽媽負責去超市買食品，爸爸準備烤肉的爐子，九歲的威爾遜提出負責所有食具，十一歲的埃迪負責準備調味料。爸爸提醒他們是否列出一個單子，一則防止遺漏，再則若家裡不夠的物品，可及時去買。威爾遜很快就列出了單子，請爸爸過目，隨後便開始準備；而埃迪卻跑到外面找鄰居的孩子玩。爸爸警告他帶齊調味料，否則野餐不會好吃。埃迪一邊往外跑一邊說：「**放心吧，我會帶好的，別擔心。**」爸爸不大相信他會準備齊全，想自己來做，轉念一想應當給埃迪一個訓練機會，不要越俎代庖，於是便沒有再督促埃迪。而埃迪也很開心地玩到很晚才回來，到廚房裡忙了一會兒，準備了一袋子瓶瓶罐罐，便回房去睡了。

第二天一早出發，爸爸並沒有再檢查埃迪的準備工作，一家人高高興興上路了。走了二個小時的山路，選好了野餐的地點，大家開始準備午餐。等肉烤熟後，每人倒了一杯飲料，整理好盤子，圍著木桌坐下，開始準備倒調味料。「**埃迪，烤肉醬在哪裡？**」埃迪伸手到袋子裡去找，怎麼也找不到。「**我記得從冰箱內拿出來的，怎麼會沒有？**」「**你有沒有列在單子上？**」「**我沒有列單子，我記得我把所有的調味料都拿出來了。**」埃迪又翻了一遍，大家都在那裡等著。埃迪最終沒有找到，不覺慚愧地低下了頭。

這樣的教訓是深刻的。埃迪知道由於自己的疏忽，不但影響了自己，也影響了別人，使這次的活動大為遜色。這時爸爸並沒有說一句責怪埃迪的話，但整個形勢本身對他的教育已比任何話語更有效。媽媽和爸爸有沒有想到埃迪會忘掉一些東西呢？完全可能，或者說是在他們的意料之中。如果爸爸出面督促埃迪按列出單子準備，讓威爾遜去做，情況會怎樣呢？首先埃迪會感到爸爸不信任他有能力辦妥這件事，自尊心會受損；再者爸爸反覆督促，會使埃迪感到很大的行動限制，有為人所驅之感。這兩項加起來就會產生抵觸情緒，極可能甩手不做，或與爸爸短兵相接一場，讓大家都不愉快，最後所有的事情還是需要媽媽來做。爸爸即使成功地迫使埃迪按照自己的方法去作了準備，野餐因此而毫無缺憾，但埃迪並沒有學到任何經驗與教訓，反倒加深了對爸爸的強制方法的反感。

與人合作的能力已成為當今世界人才的重要素質之一。目前由於獨生子女數量大大增加，任性、脾氣大、與人合作能力差成為孩子中大多數孩子的弱點。

培養孩子與人合作的能力，我們給父母們的建議是：

• **給孩子創造一種良好的家庭氣氛**。一個整天爭吵不休的家庭，很難造就出一個具有和諧人際關係的孩子。父母必須把家庭成員之間的關係處理得恰當、合理。對鄰居、對客人都要熱情、平等、謙虛、有禮貌。孩子會以父母為楷模，逐步養成尊重別人、愛護別人的良好品德。

• **樹立平等觀念**。要教育孩子在平等的原則上為人處事，告訴孩子不管對誰都應樹立平等的觀念。要讓孩子懂得，在人格上，人與人之間永遠是平等的。遇事要無私，要言而有信。只有這樣，人與人之間才能互相信賴、和睦相處。特別是要教育孩子嚴於律己，寬厚待人，尊重他人。

• **要讓孩子多參加團體活動**。那些「以自我為中心」的孩子，開始在團體活動中很難與同齡夥伴和睦相處，只有碰了幾次釘子以後，才會意識到在團體活動中一定要想到他人，讓孩子在活動中獲得與他人相處的經驗。

• **訓練孩子合作思維的方法**。要使孩子所想的不僅僅是自己需要什麼，而是整個活動、整個家庭需要什麼，訓練孩子的合作思維方法，父母不可無限度地遷就孩子的願望。

• **保證孩子受鍛鍊的機會**。孩子從小在家庭中學到的知識、培養的精神，都會表現在生活中。一個懂得合作精神的孩子會很快適應工作環境，並溶入團體；而不懂合作的孩子在生活中會遇到許多麻煩，產生更多的困難，而無所適從。

# 第17種好習慣 怎樣讓孩子學會寬容？

寬容是一種美德。
不會寬容別人的人，
就不會得到別人的寬容。

寬容是一種美德。父母在孩子出現品德缺失的時候適當地予以諒解、寬容，往往比對孩子一味的批評處罰，更能讓孩子心悅誠服，給孩子留下較為深刻的印象。

印度民族英雄甘地在回憶自己的成長過程時說過：「**是父親那崇高的寬容態度挽救了我。**」他為什麼會有這樣的感慨呢？原來，甘地出生在一個小藩王國的宰相之家。從小就愛撒嬌，性格也不開朗。他對父母十分順從，對周圍的事物也特別敏感，自尊心很強，一旦被人奚落，馬上就哭。在學校挨老師的罵，就難過得受不了。少年時期，由於好奇，他染上了煙癮，後來發展到偷兄長和家臣的錢買煙抽，而且越陷越深。漸漸地，他覺察到自己偷別人的錢，背著父母抽煙的行為太可恥了，一想起來，就覺得無臉見人，內心十分痛苦，甚至還想過自殺。當終於忍受不了痛苦的折磨時，他便把自己的整個墮落過程寫在筆記本上，鼓足了勇氣，交給父親，渴望得到父親嚴厲的懲罰，以減輕內心的痛苦。父親看後，非常生氣，心情十分沉痛。但是父親深愛孩子，沒有責備他，只是傷心地流下了眼淚，久久地凝視著兒子。甘地看到父親痛心的樣子，受到極大的刺激，更加悔恨、內疚、自責，深感對不起父親對自己的期望。從此，他痛下決心，徹底改正錯誤，走上了正途，從那以後，思想行為上很少出現過失。事隔多年，甘地每當回顧那段經歷，總是激動不已，心情久久不能平靜。

甘地的事例說明了父母寬容的力量。在特定的情況下，寬容運用得當，以情感激勵孩子，比動之以武力更有效。因為這其中包含了父母對孩子的信任和對孩子認識錯誤的態度的肯定。父母在對孩子的品德教育中，尤其是孩子有了過失而又主動認識錯誤的時候，應當以寬容的態度給孩子心靈上的撫慰，進而强化孩子改正錯誤的勇氣。而粗暴的打罵未必能夠使孩子吸取教訓。

容忍別人，寬容別人，同樣能獲得信任和支持。怎樣讓孩子學會寬容，我們給父母們的建議是：

- **設身處地為對方著想**。父母不妨教孩子試一試，把自己設身處地放在對方的處境下，問一下自己，要是我在這樣一個環境裡，我會怎樣想，我會怎樣行動？
- **換個角度看問題**。學會從別人的角度考慮問題，並且承認對方有表達自己看法的權利。那麼，你不僅可以了解別人，贏得友誼，而且，會與別人很好地溝通。

• **父母要起表率作用。**父母本身具備的品德，一般在孩子身上都可能找到。因此，父母首先要為孩子創造一個良好的家庭環境。一個整天吵鬧不休的家庭，是很難造就出一個具有和藹品格的孩子的。父母對他人的熱情、平等、謙虛等處世原則和行為，是孩子最好的直觀而生動的教材，會在潛移默化中培養出孩子尊重別人、愛護別人、能與別人協調相處的良好品性。

• **要讓孩子多參加一些團體活動，使孩子在團體活動中自覺地意識到與他人真誠合作的必要性。**

## 第18種好習慣

# 怎樣讓孩子合群？

每個孩子都希望自己擁有好朋友，
但由於他們自身的某些缺點，
或一些不合適的待人方式，
可能會使他們沒有建立較好的友情。

獨生子女的家庭，孩子與別人的交流比較少，與人相處未必容易。他們可能會玩很高明的電腦遊戲，看各種最新的卡通片，但他們的生活可能會缺少友誼。

父母並不希望自己的孩子孤僻、自私，而是希望他們生活得豐富多彩，擁有愉悅的心情，真摯的友情。王雲姣女士在這方面頗有體會：

我的女兒聰明伶俐，上小學低年級時成績遙遙領先。可是，老師說她不合群，班上的小朋友誰都不樂意與她玩，課間她常常一個人觀察天空。

從事教育工作的我，感到十分不安。怎樣才能使孩子合群呢？偶爾與朋友談及此事，友人說這樣很好，孩子不會因爲玩而耽誤了學習。從此我便對孩子說：「你好好學習，成績好的學生老師喜歡，家長喜愛，小朋友也會樂意與你玩的。」女兒確實聽話，經過她的努力，期末考試全年級六百多人，她名列第一。可是女兒這時卻噙著淚水責問我：「媽媽，我考第一，爲什麼同學們還是不和我一起玩呢？」我啞然了。

是的，作爲媽媽，我沒有對症下藥，給孩子幼小的心靈開了一個錯誤的處方。我感到十分内疚。從那滿眼質問的淚水中，我看到了女兒内心深處渴望與同齡夥伴一起嬉戲、玩耍的迫切要求。人際交往是人生存的基本能力，慢慢地，我開始認識到要使孩子合群，只有多與小朋友一起玩，才能建立良好的夥伴關係。因此我開始請小朋友到我家作客，提供玩具與零食，想讓小朋友開心地玩耍。可是又出現了另一番情景：每當玩具玩厭了、零食吃夠了，孩子們一哄而走的時候，女兒就會緊把著門，哭泣著說：「你們吃了我的東西，不准走，要跟我一起玩。」面對此情景，我十分難過，只得不停地安慰女兒。

作爲媽媽，究竟怎樣才能幫助女兒度過這一情感難關呢？回顧女兒成長的過程，從小到大，家中四個大人無時無刻不圍著她轉，爲她服務，大大小小的事都聽她指揮，以致女兒形成了強烈的自我中心的意識。可是小朋友們誰肯聽命於她呢？

不聽取他人的意見、缺少合作意識，要合群必須要改變以我爲中心的心態。於是我試著採用「放」的辦法，每當週末督促孩子做完作業後，就帶她找人玩。讓她與小朋友玩自己喜愛的遊戲，讓孩子們了解遊戲規則，幫助女兒放下「小皇帝」的架子，學會聽取小朋友的意見，分清是非。趁孩子們玩得開心的時候，我藉故走開，讓女兒自己去調解夥伴間的糾紛。遊戲結束回家的時候，我便詢問她是否玩得開心，了解他們遊戲的情況，肯定她的正確做法，指出她的不當行爲，並挑起她下次再玩的欲望。及時告訴她，要建立良好的夥伴關係，還應該主動與人打招呼，見到小朋友問聲好，這既是對人應有的禮貌，也是聯絡感情的一種方式；如果同學做錯了什麼，要學會諒解；假如同學有困難要樂於幫助。孩子快要過生日的前幾週，我對她講：「你在班上有好朋友嗎？你過生日能請他們來玩嗎？」漸漸地，女兒學會了與同齡夥伴交往，學會了在交往過程中控制自己的情緒。放學後，她總是在同學家做完作業，再玩一陣子方肯回家。

王雲姣在實踐中不斷地摸索，尋找到了適合女兒的方法。父母的愛是美好的，但孩子還需要夥伴，親情之外的友情。每個孩子都希望自己擁有好朋友，但由於他們自身的某些缺點，或一些不合適的待人方式，可能會使他們沒有建立較好的友情。父母要認真分析孩子的特點，對症下藥，使孩子早日擁有知心的朋友。

怎樣使孩子合群，我們給父母們的建議是：

• **給孩子提供交往的機會**。可以邀請鄰居或朋友家的孩子來玩，買一些孩子們喜歡的玩具和活動用品，供他們一起享用。

• **鼓勵孩子參加各種形式的交往活動**。只要孩子主動和別人說話、活動或提出問題，就要及時給予表揚和鼓勵。

- **教會孩子必要的社會技能**。父母要教孩子一些待人處事的方法，並提供機會讓孩子去實踐。如讓孩子學會問候、交流等。
- **讓孩子喜歡幼稚園**。三、四歲的孩子極易熱衷於社會性活動，尋求夥伴的意識强烈，而幼稚園是他們所接觸的第一個家庭之外的有序世界，老師、同學、團體遊戲、分組活動等等，在這裡他開始走出從「個體的人」到「社會化的人」的第一步。

# 第19種好習慣

## 怎樣讓孩子自己選擇朋友？

每個孩子都有自己的朋友。
讓孩子自己選擇朋友，
並鼓勵他們建立友好夥伴關係。

大多數獨生子女身邊圍繞的是一群大人，他們交往的圈子裡只有為他們服務的父母及其他親人。當他們到三、四歲時，需要生活在一個有小夥伴的團體，只有這樣，才不致對外界社會感到陌生和恐懼。但是，有些父母雖然開始讓孩子進入團體生活，如上幼稚園，卻有意無意地為自己的孩子選擇朋友，限制孩子的自由交往。當然，這是父母的用心，他們擔心自己的孩子被別的孩子欺負。有一位女孩說：

我的父母很怪，他們對我的朋友總是特別敏感。如果我想和女同學交朋友，需要經過他們的「資格審查」。功課不好的不能交，講話太多的不能交，打扮太漂亮的不能交，眼神太靈活的不能交。如果我想和男生交朋友，乾脆免談。你瞧，在這種高壓政策下，我還能有朋友嗎？一次歷史考試結束後，在回家的路上，我和班上的兩位男生同路，誰知吃晚飯的時候媽媽卻問我：「和你同路的那兩個戴眼鏡的人是誰？你在左邊，他們兩個在右邊？」我眞受不了媽媽這種詢問的態度，但我沒有別的辦法，因爲在他們眼裡，我已經是個心裡有秘密的半大不小的人了。

還有一次，我放學回家的路上碰見兩個同年級的男生，大家平時都很熟。那天，他們說想到我家去聊聊。我答應了。雖然我知道父母將會怎樣爲難我，可是我還是帶他們到我家了。路上我跟他們說，要他們對我父母說他們是我的同學，是來找我借書的。我之所以這樣做，是不希望又被父母罵，不希望弄得不愉快。到了我家，還好，父母還算給我留面子，沒有當時把他們趕走。但是，爸爸不時地到我的房間裡來看看，其實他是來監視我們的。那兩個同學也覺得很彆扭，沒坐一會兒就走了。

我把他們送出門，剛回到家，爸爸就鐵青著臉問我：「他們是做什麼的？」我說是我的同學。他又問：「跟你是同一班的嗎？」我說不是。爸爸又說：「那你怎麼把他們招引來了？」我當時就忍無可忍，什麼叫「招引」啊？爸爸爲什麼用這樣的語言來挖苦我？那一天，我不知道我是怎麼上床睡覺的。

父母們可以想一想，在您的家裡是否存在這樣的情況？也許，您的家庭中沒有這種「比較過分的事件」，但您是否給孩子的成長提供過一些與夥伴交往的機會？現在，許多家庭都是獨生子女家庭，孩子們沒有兄弟姐妹，他們需要與夥伴們的交往，需要有自己的朋友。

我們給父母的建議是：

•**不要苛刻的為孩子選擇朋友**。父母為自己的孩子選擇的朋友多半是老實、聽話、膽小的孩子，和這些孩子玩，父母似乎可以放心一些，不必過分害怕什麼石頭砸傷了腦袋之類的事故。但是如果自己的孩子遇到了那些胳膊粗、力氣大、甚至是好欺負小孩子的大孩子時，他們會怎樣呢？他們會不知所措，不知如何保護自己。而且會因此對外界的環境感到害怕，有的孩子甚至會因此封閉自己，不敢結交小夥伴，寧願自己一個人玩或請大人陪自己玩。

•**讓孩子自己結交夥伴**。以成人來說，和朋友的關係以及友誼的形成，表示一個人是否適應社會，是否成熟。如此說來，孩子就更要從小學習結交小夥伴。父母應該引導他們進入一個愉快而又適宜的團體，而不要代替他們。當孩子在與小夥伴們發生糾紛時，父母尤其不要插手，代替他們和孩子的夥伴「算賬」，這樣無疑將把自己的孩子推到孤立的地位，使孩子產生依賴性，覺得有父母的堅強後盾，遇到什麼麻煩都可以回到父母身邊尋求庇護，這對孩子極為不利。

•**給孩子多一點關心**。當孩子在結交朋友時受到了冷淡，遭到嘲笑、排斥時，父母應該及時地給予關心，並解除孩子心理上的懷疑等，讓孩子勇敢地再次接觸小夥伴，並從結交朋友的過程中增長智慧！

# 第20種好習慣 怎樣培養孩子的語言溝通能力

心口相應，言為心聲。
語言是人們表達思想，
進行交流和溝通的工具。

語言是人們表達思想，進行交流和溝通的工具。孩子時期的語言發展是人生最佳時期，也是最迅速的時期。孩子獲得知識技能要透過語言，養成一定的行為習慣要透過語言，與人交流更少不了語言。

一百多年前出了一位震驚世界的神童，他就是卡爾·威特。威特八歲時，已先後學會了德語、法語、義大利語、拉丁語、英語和希臘六國語言。九歲上大學，十四歲成了博士。威特語言方面的高度智慧是與他父親良好而嚴格的早期教育分不開的。

威特的父親曾說過：「**對孩子的教育開始得多麼早，都不會過頭。**」他在威特剛剛能夠辨別事物時，就開始教威特學說話。他說：「**比方說，我們在兒子的眼前伸出**

手指頭，兒子看到後就要捉它。剛開始由於看不準，所以總是捉不到。最後終於捉到了，兒子非常高興，把手指放到嘴裡吃起來。這時我就用緩和而又清晰的語調反覆發出〈手指〉、〈手指〉的聲音給他聽。」這樣威特就很自然地把「手指」這個詞跟父親在自己眼前伸出的手指聯繫起來，從而明白了世界上的每一件東西都有其特定的名稱。當孩子開始領悟這一點時，他對周圍環境就會發生極大的興趣，好奇心和新鮮感促使他如饑似渴地了解周圍環境，這也就是孩子特別好問「為什麼」的原因之一。

威特的父親的這種教育方法被許多人所接受。美國賓夕法尼亞州匹茲堡大學語言學教師斯特娜夫人堅信：嬰兒期的語言教育將決定他一生的語言發展。她是威特教育方法的崇拜者，按照威特父親的方法她親自教授自己的女兒。在孩子出生不久，她就抱著孩子在屋裡走動，讓她看屋裡的東西，同時緩慢而清晰地說出這些物品的名稱，這是桌子，那是電燈等等。經過堅持不懈的耐心教育，斯特娜夫人取得了令人滿意的結果。女兒滿周歲時，已學會了所有的話，令周圍的人感到十分驚奇。

透過語言表達促進孩子的溝通能力，我們的建議是：

•**學會傾聽並鼓勵孩子多說**。三、四歲的孩子想像力豐富，喜歡表達個人的見解。當孩子喋喋不休時，父母要以平等的朋友身分傾聽，並可嘗試從不同角度刺激孩子說話。

•**用身邊的物品教孩子練習說話**。家庭中有數不盡的語言訓練的用品，居室裝修、電器炊具、茶點水果等，都可用作訓練孩子語言能力的素材。在說話訓練中還能教孩子認識事物和數字。

• **讓孩子置身玩具和童話的世界**。玩具和色彩斑斕的兒童讀物是他們所鍾愛的兩大寶貝，放手讓他去玩，去翻看，在玩樂與「讀書」中，加上大人的善意指點，不僅能夠促進孩子動手動腦能力，對孩子形成良好思維、發展語言也是十分重要的。

• **引導孩子說話**。經常選擇不同的話題引導孩子說話，一個小小提示，一張彩色圖片，一段精美詩文，一個故事結局的續編，能引出孩子一大段對話或獨白。

• **多和孩子交流**。學習語言的目的就在於應用。孩子如果不能很好地運用語言，就會處於明顯的劣勢。

• **多給孩子表達的機會**。當孩子能夠表達自己的思想時，要讓他們知道自己哪些地方沒有表達清楚，為什麼？

# 篇 讓孩子成為一個出眾的人

## 個性習慣的培養

第21種好習慣

# 怎樣培養孩子精益求精的習慣？

精益求精的習慣，
體現在細微之處。
父母要培養孩子做事認真的習慣，
盡量把一切事情做得完美。

父母要教育孩子無論對於學習還是愛好，都要講究一個「精」字。事實證明，對自己要求嚴的孩子，做事就一絲不苟，精益求精。反之，凡事馬馬虎虎，大大咧咧，就容易出現差錯。

當看到一幅參加影展的藝術佳作時，你可曾想到是誰發明了彩色照相機，又是誰製造出人類第一張彩色照片呢？請記住李普曼這個名字吧。但是，誰又能想到李普曼所取得的偉大成就來源於童年時父母對他的「嚴格管教」呢？

李普曼出生於盧森堡。他的父母都是法國人，在當時貴族家庭裡做教師。他的父母有文學、歷史、藝術、音樂等方面的知識，同時還懂得上流社會的禮儀。生長在這樣一個家庭裡的李普曼，從小就受到良好的教育，這對李普曼智力的開發和意志品格的形成具有相當大的影響。李普曼的父母為了使年幼的李普曼不沾染上上流社會奢侈生活的惡習，為了使童年的李普曼有一個良好的成長環境，也效仿孟母擇地而居。

由於李普曼的父母是盧森堡皇宮的家庭教師，所以，年幼的李普曼便生活在貴族宮廷中。他常和那些出身高貴的孩子們一起玩耍。三歲時，小李普曼開始對周圍的一切感興趣。他經常好奇地看著那些高雅迷人的小姐們在客廳裡跳舞調情，看著紳士們豪飲高談，看著僕人們替牌桌上披金戴銀的貴婦人點煙、送茶……父母看見小李普曼整天呆看著這些無所事事、整天花天酒地的達官貴人和紈袴子弟，對李普曼的前途深感憂慮。

「依我看，我們還是離開這兒好。」母親向父親建議。「的確，孩子的前途更重要，」父親說道，「如果再在這兒生活下去，恐怕會毀了我們的小李普曼。」「是的，那我們搬到哪兒去呢？」母親問道。「回法國，到巴黎的拉丁區去吧！」父親建議。「拉丁區是個什麼地方？」母親問道。「拉丁區文化氣氛濃厚，且有許多有名的學者住在那兒，這對我們的小李普曼是很有益的。」

不久，小李普曼的父母便不顧主人的再三挽留，帶著李普曼毅然回到了祖國，並在拉丁區住下來。小李普曼父母的這次搬家，為小李普的曼選擇了一個良好的成長環境。

小李普曼的父母不僅為兒子選擇良好的生活環境，而且對他的學習要求非常嚴格，不許兒子在學習上有一絲馬虎。要求他做事要精益求精，力求完美。

巴黎有一所以嚴謹的學風而著稱的學校——巴黎亨利第四中學。這所學校管理非常嚴格，特別是課業方面。學生每天必須按課程安排上每一節課，必須按時完成作業，絕對不許拖延。學校對學生進行封閉式管理。同時，這所學校也非常注重學生的品德教育。小李普曼的父母覺得這所學校是培育人才的地方，便把小李普曼送到了這裡。進入學校後，他在知識的海洋中盡情遨遊，他的傑出才智在這裡得到了初步展現。

每一個人在出生時都是一個平凡的人，但李普曼的父母卻用他們特有的教育方式來引導他。即使是天才，也需要澆灌，需要培養，溺愛和放任往往會使天才夭折，唯有嚴格再嚴格，天才才能得以成材。怎樣培養孩子精益求精的習慣，我們給父母們的建議是：

- **父母要嚴格要求自己**。父母要想孩子做事精益求精，首先要以身作則，嚴格要求自己，再去嚴格要求孩子。
- **要讓孩子從身邊的小事做起**。事無大小，每做一事，總要竭盡心力，求其完美，精益求精。這是成功者的一種標記。凡是有所作為的，都是那些做事不肯自安於「尚可」或「差不多」，而必求盡善盡美的人。

・**要比別人做得更好**。父母在培養孩子做事時，要培養他能比普通的孩子做得更為良好、更為敏捷、更為精確、更為可靠、更為整齊，而且能不斷創新、運用自如，他自然會不斷進步了。

## 第22種好習慣

# 怎樣培養孩子嚴謹細緻的習慣？

嚴謹細緻是做事的基本原則。
現代生活節奏的加快，
很多孩子做事馬馬虎虎，丟三落四。
因而，必須從小培養孩子嚴謹細緻的習慣。

時常聽到不少父母說，「我們的孩子一天到晚總是忙忙亂亂的、做事毛毛躁躁、慌慌張張、丟三落四的」，「每天上學總要把一些學習用具遺落在家裡」，「平時挺聰明的，一到考試也是因爲馬虎，錯好多題」，「在家做些事也是摔壞這個，碰壞那個」，「眞是讓我們著急，怎麼說他也沒有用，怎麼辦呢？」。

是呀，碰著這樣的孩子真是著急。但是這樣的人的確存在。有一個女孩，一天削蘋果皮，不小心把手劃破。她立即找OK繃貼上，第二天創傷的地方仍然很疼，一看原來OK繃貼在傷口的旁邊，根本沒有貼在傷口上。女孩的媽媽知道後，笑得前翻後仰，樂著說：「我的好女兒，你的這件事作爲幽默故事編都編不出來呀！」上述孩子的這些令父母著急的馬馬虎虎的毛病，的確需要父母幫助孩子克服。

有一個小女孩，做事馬馬虎虎。她的父親是這樣別出心裁的培養孩子嚴謹細緻的習慣的。

暑假剛開始，我就把女兒叫到跟前，說：**「放暑假了，爸爸給你一項任務，好不好？」「什麼任務？」**女兒以為又是什麼作業要做。**「暑假裡學會釘鈕扣。」「鈕扣——呀？」**女兒做個鬼臉，**「我早會釘了。」**

為了表示她「已會」，當著我的面，穿了一分鐘的線，打了一分鐘的結，「鑽」了五分鐘的「洞」，花了六、七分鐘，釘好了一粒「搖搖欲墜」的鈕扣。或許她也覺得釘得不好，所以釘好後沒再吱聲。**「還不錯。可是，還沒釘出意義來。」「釘出意義？」**女兒的眼裡，出現了一個問號。**「對呀，鈕扣不但要釘好、釘快，還能釘出意義來！」**我打開一盒裝滿五顏六色的鈕扣的小盒子，把一粒一粒的鈕扣按色彩排列，不一會兒，出現了一個女兒從來沒有見過的很漂亮的「鈕扣字」——「好」。這回，女兒的眼睛也為之一亮。**「爸爸已經算過，只要你每天釘四粒，一個暑假就可以繡出一面〈鈕扣字錦旗〉來。」「上面什麼字？」「三個字：老、師、好。」「呀，送老師呀？」「對，暑假一過，就是教師節。〈鈕扣字錦旗〉這樣的藝術品禮物呀！」**我哈哈大笑，**「藝術品味可高哩！更重要的是，它完完全全是你自己做的，意義重大。」**「戲」唱到這裡，女兒的興趣被我徹底「逗引」上來。她一把勾住我的脖子，轉了好幾圈，直蹦：「爸爸，好爸爸，別說每天四顆，釘再多我也願意！」

興趣，是最好的老師。以後，隨著「錦旗」上一橫一豎的字形出現，女兒信心倍增。針扎到了手指，忍痛；字「繡」歪，拆掉重來；顏色選得不好，再仔細選。二百多粒鈕扣釘下來，女兒的手藝完全可與大人媲美了。而且，透過釘鈕扣，培養了她嚴謹細緻的習慣。

暑假結束了，教師節到了。女兒高高興興、恭恭敬敬地向她熱愛的老師敬獻了「錦旗」。物以稀為貴，「鈕扣錦旗」受到了老師的好評。

嚴謹細緻的作風，對孩子的成長是大有好處的。相反，不嚴謹細緻就會使孩子做事馬馬虎虎。

根據上述孩子的情況以及其毛病產生的原因，父母應該予以重視。未來社會是合作與競爭的社會，要使孩子將來能夠適應繁雜的社會，以及緊張的生活節奏，必須從小養成生活的條理性、計劃性，注意引導孩子克服做事馬虎、毛躁、慌慌張張、丟三落四的毛病，養成嚴謹細緻的習慣。

父母怎樣培養孩子養成嚴謹細緻的習慣呢？建議有以下四點：

• **揚長避短或取長補短**。大多數的孩子喜歡大人對優點加以肯定和讚揚。當孩子對新鮮事物產生新奇感，有強烈的熱情，有意願要進行探究時；當孩子對別人的一些事情表示要給予熱情幫助時；當孩子對自己感興趣的事情，急忙要去做時……父母不要放棄對其正確的引導。

• **引導孩子做事的計劃性**。父母應跟孩子講，一個人不管做什麼事，都應有一個周密的計劃，先做什麼、後做什麼、事前做哪些準備、如何開始等等。

• **放手促其獨立，自己的釘子自己碰，經驗教訓並存**。經過父母的幫助和引導後，父母還應輔導孩子自己去完成，然後讓孩子去做。這叫培養孩子良好習慣的「教、扶、放」的三個有效步驟。

• **父母的以身作則是幫助孩子培養嚴謹細緻習慣的關鍵**。隨著現代生活快節奏的出現，每個人都應克服做事馬虎的毛病。父母如能和孩子一起進行訓練和克服，也是培養孩子良好習慣的最好辦法之一。

第23種好習慣

# 怎樣培養孩子敏捷俐落的習慣？

一個人的生命是有限的，
如果不抓緊時間做一些事，
那麼，寶貴的光陰就會悄悄溜走。

培養孩子敏捷俐落的習慣，父母要創造機會讓孩子做一些力所能及的事，使孩子具有自信心。同時，也可指出倘若做事馬馬虎虎，拖拖拉拉，會帶來一些不好的後果。要想做事專心，提高效率，必須養成雷厲風行的作風，敏捷俐落的習慣。

牛頓七、八歲時，他就開始製作一些簡單的器械。外祖母十分注意保護和重視他的這種愛好，從不因為他把客廳弄得一團糟而生氣，或者因為他把菜刀當斧頭用而訓斥他。只接受過一點點學校教育的外祖母經常欣喜地看著這小傢伙十分投入地工作，感覺到這男孩子具有其他兒童沒有的一種敏捷思維和創造天賦。十多歲時，外祖母開始給些錢讓他去買工具。他最先買回的是一把小錘子。他用這把小錘子把一隻舊水果箱改成帶軟墊的凳子。隨後，他向外祖母提出了新的要求：「外婆，我想買一把鋸子，我要把這把椅子的腿鋸短一些，它太高了。」「鋸這把椅子？」外祖母十分驚訝，因為這椅子一套四把，還是她與丈夫結婚時購置的呢。她有些猶豫，但她馬上看到小外孫懇切的神情，想到他那悶悶不響的專注精神，為了不傷害他的創造力，她決定不惜這套家具的殘損，說：「你會用鋸子嗎？千萬不要傷了手啊！」她親親小外孫，給了他零錢。

在外祖母的幫助下，小牛頓買了許多手工製作必需的工具，然後便動手製作他喜歡的東西。有一天，牛頓推著自己製作的四輪車到家附近的維薩姆河邊玩耍。他來到一座磨房前，看到水車隨著溪水的衝擊而轉動，他陷入了沉思，像傻子一樣在水車前站了半個小時後，他毅然決定製造出一個水車模型。牛頓回家後便動手，一做就到半夜。外祖母悄悄地摸上二樓，從門縫裡靜靜地看著小牛頓在燈影下忙碌，然後心滿意足地下樓去睡覺。一週過去了，有一天早上，牛頓從樓上小心翼翼地捧著一架水車模型走下來。「外婆，水車做好了！」他興奮地說。「好極了！像眞的一樣，眞漂亮！」外祖母圍著這架水車不停地讚嘆，最後，她又吻了吻外孫。小外孫為了做這架水車用了她兩塊上好的木板，那叮叮噹噹的響聲還使她好幾個晚上都沒睡好覺，但這些她都毫不在意。

在外祖母的鼓勵和幫助之下，牛頓的製作技藝不斷提高，探索精神越來越强。在二十歲之前，他先後製作了能把燈籠帶上天的風箏，水車、風車、日影計時器、滴漏等精巧的器具，其中有些物品已成為私人和博物館的收藏品。然而，重要的不是這些器物具有實用價值與收藏價值，而是牛頓在外祖母的保護與培養下製作這些器物所形成的敏捷俐落的習慣和探索精神。

如何培養孩子敏捷俐落的習慣，我們給父母們的建議是：

• **讓孩子手腦並用**。注意培養孩子的動手能力，使孩子手腦並用，有利於孩子智力和能力的全面發展。父母要善於給孩子創造的空間，讓孩子自己動手。要注意孩子敏捷的思維，克服古怪和刻板，努力使思想表現於具體情況。反之，如果缺乏應變能力，將會一事無成。

• **抓住感興趣的及時表揚**。對於動作慢的孩子批評與訓斥是沒有用的，而且如果父母總是在孩子做事的時候指責他們動作慢，就會使孩子漸漸認為自己就是一個做什麼都慢的人，即使想快也不可能，繼而認同了這一事實，無論父母怎樣要求他也不會主動嘗試提高速度了。

• **提高孩子做事的速度**。可進行一些訓練、評比。例如：看誰起床快又好，比比誰先洗完手帕和襪子等。訓練的項目可根據孩子的情況任意選擇，但要注意與孩子進行比賽時要製造一點緊張感，還要做到既有一定難度又有很大的成功機會，讓孩子樂於參加，真正達到訓練的目的。

第24種好習慣

# 怎樣培養孩子堅持不懈的習慣？

做任何事情，要想取得成功，
都必須有一種堅持不懈的習慣。
父母培養孩子堅持不懈的習慣，
鼓勵孩子敢於面對困難和挑戰。

葉聖陶說：「教育就是習慣的培養……凡是好的態度和好的方法，都要使它成為習慣，只有熟練得成了習慣，好的態度才能隨時隨地地應用，好像出於本能，一輩子也用不盡。」父母培養孩子堅持不懈的習慣，要鼓勵孩子具有堅忍不拔的毅力，敢於面對困難和挑戰。

四十八歲的王振虎是天津市南開區環衛局環衛二隊的一名普通員工。他的妻子患精神憂鬱症至今已有十七年。十幾年來，王振虎一邊努力工作，一邊悉心照料病妻，更難得的是，他還既當爹又當媽地栽培獨生女兒王瑜。

一九九八年十一月，地中海畔的一座小城——西班牙的奧羅佩薩，世界國際象棋兒童分齡組冠軍賽正在這裡舉行，來自八十二個國家和地區的選手中，一位中國小姑娘最引人注目，她在已賽完的前九輪唯一保持全勝，提前兩輪捧走了十六歲年齡組比賽的冠軍獎杯。在這位中國小姑娘無可爭議的奪冠後，一位西班牙資深棋手感慨地說：「**這是新的奇蹟，中國人天生會下棋！**」

這位小姑娘就是王瑜。

為了支持女兒練棋，只有初中畢業、對國際象棋一竅不通的王振虎也捧起了棋書。每天晚上，父女倆在燈下邊讀棋書，邊研究棋藝，一學就是大半夜。一次，王振虎聽說中國棋協要在天津舉辦全國性比賽，他找到市棋隊領隊，自薦為大賽作一名義務會務人員，各種工作他都搶著做。一位北京的著名教練腿扭傷了，王振虎買來藥酒，一遍遍為他按摩治療，感動得這位教練主動提出一定要教王瑜一次棋。半個月的義務服務，王振虎沒賺到一分錢，卻抱回一疊裁判們丟棄的比賽對局紀錄草稿紙。父女倆欣喜地將這些「廢紙」一張張壓平、黏好，成了王瑜保存多年的一本珍貴的教科書。

父親挑起家庭重擔的艱難在女兒心中留下深深的烙印。小王瑜暗下決心，一定要努力學成棋藝，早日替父親分憂。時隔不久，一個業餘國際象棋隊向王瑜發出邀請，以月薪五百元聘請王瑜執教。每月五百元，可不是個小數目啊！相當於爸爸一個月的工資了！王瑜心裡暗自高興，自從自己學棋，家裡的日子就過得更加艱難，多虧親朋好友經常接濟，才算勉强堅持下來，有這樣一個賺錢的機會，爸爸知道了一定會很高興。那天，當王瑜特地從棋隊趕回家，將這個好消息告訴爸爸時，王振虎的臉一下子沉下來，大吼著：「**不許簽約！**」竟第一次動手打了女兒一巴掌。王瑜委屈地哭了，她怎麼也沒想到，這個四處為自己討教棋藝從不厭煩的好爸爸，這個照料自己生活無微不至的好爸爸，此刻卻為錢的事，竟發這麼大的脾氣。王振虎呆望女兒片刻，禁不住也落淚了，他一把抱住女兒聲音顫抖地說：「**好孩子，你是爲了家啊！爸不該打你，可是，爸不同意你爲錢的事分散精力，家裡再難，有爸一人頂著，你現在唯一的任務就是專心練棋。**」

年復一年，王振虎一家走過了一段不尋常的路，王振虎的心血終於沒有白費。一九九六年，王瑜入選國家集訓隊，先後多次在全國和國際大賽中取得傲人成績，成為國家集訓隊的一名主力。

王瑜的父親就是這樣培養孩子堅持不懈的性格，無論有什麼變化，都充滿信心。怎樣培養孩子堅持不懈的習慣，我們給父母們的建議是：

• **要提高完成某一任務的信心**。要幫助孩子學會克服困難，提高完成某項任務的信心。交給孩子任務時，要把任務交代具體，並提醒他在完成任務中可能會遇到的困難，讓孩子有充分的心理準備；再教他一些克服困難的方法，使孩子做到心中有數，以增强其完成任務的信心和勇氣。

- **及時給孩子鼓勵**。在孩子完成一件任務後，應給予適當的鼓勵和肯定。如果未能完成任務，要幫助孩子分析原因，指出努力的方向，鼓勵並幫助孩子繼續完成。
- **讓孩子做事善始善終**。經常性的磨練，可從小事做起，如學校功課要認真學習，在家裡能幫忙的家事要認真完成等。

# 第25種好習慣 怎樣培養孩子的勇氣？

孩子的膽量的大小是後天形成的。
孩子膽小，多是父母故意創造渲染恐怖的苦果，
而孩子變得膽大，富有勇氣，
在很大程度上是鍛鍊出來的。

孩子的膽量生來是不一樣的。有些孩子天生不愛說話，害怕生人，不敢表現自己，我們寧可把這看成是他的性格特點，而不要簡單地看成是缺點。有些孩子膽小，父母也有責任。父母安全意識過强，老是嚇唬孩子，孩子做什麼父母都說「危險」，久而久之，孩子就會產生出一種經驗，就是最可靠的辦法是什麼也別摸，什麼也別做，在我們成年人看來，自然就是膽小怕事，沒有勇氣。

鄰居家艾玲兩、三歲時是個很活潑的孩子，一見到大人總是在大人身邊跑來繞去。現在她已經上小學了，可是講從幼稚園開始，艾玲就變得膽小怕事了，很難看到她臉上露出笑容。在學校，她見到老師和同學都怯生生的，上課不敢發言，回答問題

也總是低著頭，聲音小得只有她自己才聽得到。因為膽小，不愛說話，她沒有朋友，下課總是一個人躲在角落裡。有時有調皮的同學故意招惹她，她也不敢反抗，只是悄悄地躲開。在家裡艾玲也是抑鬱寡歡，有時媽媽大聲叫她都會把她嚇一跳。媽媽非常失望地說：**「這孩子怎麼越來越沒出息呢？」**

因為父母的過度保護，珠珠自理能力很差，十分膽小。別的小朋友玩滑梯，她躲得遠遠的。老師走過去，問：**「你看好玩嗎？」**她說：**「好玩。」**老師說：**「那咱們走近一點。」**老師就拉她靠近滑梯。她看別人玩得那麼高興，越看越眼饞。老師進一步誘導說：**「你也滑一下好嗎？」**珠珠嚇得趕緊往後面縮。老師說：**「這麼辦，我抱你，我們一起滑，好嗎？」**珠珠勉強同意了。在老師的懷裡，珠珠有安全感，她和老師一起滑了下來。老師問：**「好玩嗎？」**她說：**「好玩。」**老師又問：**「害怕嗎？」**她說：**「不害怕。」**老師說：**「你真勇敢！這回你自己玩，好嗎？我在旁邊保護你。」**珠珠終於敢自己玩滑梯了。

珠珠的老師做得非常好，她對珠珠沒有任何的指責，也不是放棄不管，而是為孩子設立具體的小目標，允許孩子嘗試，成功了立即表揚，終於使她自己敢玩滑梯了。試想，如果這位老師冷冰冰地譏笑珠珠：**「人家都玩滑梯，你怎麼不去！膽小鬼！」**結果會如何？這種老師不是沒有，這種父母也就更多。父母如果遇到個膽小的孩子，以珠珠老師為榜樣就行了。

現在的孩子在上幼稚園之前，很少有與同齡的孩子交往的經驗，在家裡受到所有人的保護，這種生活使他們根本不具備應付挫折和壓力的能力。進入幼稚園後，有的孩子本身先天適應能力較差，面對新的環境感到特別拘謹，面對這麼多處處不再護著自己的小朋友和老師，他們會從內心感到害怕和孤獨。這時，如果父母忽略了孩子適應新環境的教育，忽視了安慰和鼓勵孩子，孩子就很容易變得膽小怕事、退縮，當他們面對種種壓力時，由於不知道怎樣奮起反抗，缺乏應有的勇氣，只有退縮到自己的內在世界裡，以躲避外在世界的傷害。

培養孩子的勇氣，我們給父母們的建議是：

• **別刺傷孩子的自尊心**。有的父母老是指責孩子：「你看人家，多麼棒，講的那麼好，再看看你，像木頭似的。」這種「定位」式的批評特別容易刺傷孩子的自尊心和自信心，正好強化了他的怯懦。

• **不要批評，要有耐心，要鼓勵孩子經常和小朋友一起遊戲、交往，教給他一些與同年齡的人交往的技巧，培養他對新事物的興趣，養成熱情、活潑的性格**。對孩子存在的能力缺陷及時加以訓練和培養，如孩子本來說話表達不清，母親可以和孩子一起每天堅持表達訓練。父母應注意發現孩子的優點，對他的優點經常加以鼓勵，使孩子從中獲得尊嚴。當孩子面對新環境時，父母應給他詳細描繪新環境的情況，教孩子適應新環境的方法，並教孩子勇敢地去面對。

•**學會欣賞孩子**。應該告訴孩子自己喜歡他，欣賞他的所作所為，哪怕是一點點小事，如孩子懂得體貼大人，知道關心別人等，這樣，孩子就更能接受自己，經常鼓勵孩子，讓孩子覺得父母永遠都支持他。當遇到困難和挫折時，可以向父母尋求幫助。如每天晚上花十分鐘的時間傾聽孩子的談話，對孩子的自信心就是極大的鼓勵。對孩子的每一點進步加以讚揚和欣賞，是使膽小怕事的孩子提高勇氣的一個有效方法。讓孩子幫助你做一些力所能及的事，如買東西、擺桌子、寄信等，透過這些活動，膽小的孩子會逐漸認識到自己是有能力的，膽子也會越來越大。

第26種好習慣

# 怎樣培養孩子的毅力？

無論做什麼事情，不是僅靠一時熱情就能完成的，需要持之以恆的努力，無論是容易還是艱難，都要義無反顧地堅持。堅持需要毅力，毅力需要培養。

父母應當盡可能地為孩子提供磨鍊的機會，塑造他們的毅力。

張海迪原是無線電修理工，現為文聯專業作家。五歲時她因患脊髓血管瘤，造成嚴重癱瘓。二十多年來，她用鋼鐵般的意志抵抗病魔，刻苦學習，努力進行文學創作。

為了培養張海迪獨立自強的能力，自從海迪生下來，海迪的父母就讓她自己睡在襁褓之中，不跟大人睡在一起。她三歲時，便自己穿衣、穿鞋、摺衣、疊被。海迪每天早上，都是隨同大人一起床，跟在大人身後緊張而愉快地進行洗漱。然後，收拾好頭一天弄亂的玩具、書報。

海迪三、四歲的時候長得健康可愛，比她小一歲的妹妹曉雪聰明憨厚。父母便將看管妹妹的責任交給了她，每天要她帶著妹妹玩，讓她從小就培養責任感。

海迪生病之後，每天早上都會看見父母將家中收拾得整齊乾淨，做事俐落而不紊亂，從沒有見到父母鬆懈懶散過。父母也總是高高興興地和孩子說「再見」，走出家門去上班。她稍微懂事以後，父母也經常對她說：**「你長大後，也要去上班，去為大家工作。」**

張海迪是在父母的幫助下，透過自學認識了好多的字，並且學會了讀書看報。儘管如此，隨著年齡的增長，在想法上她也漸漸地有了負擔和苦惱。

譬如，海迪生病前曾經有一次，夫婦二人帶著幼小的海迪逛公園，海迪不慎跌了一跤，坐在地上哭了。父母就當作沒有看見，不去扶她，照樣慢慢地往前走。海迪看見爸爸媽媽不回頭拉她，也就只得自己爬起來，追趕爸爸媽媽去了。

這一次，父母也是這樣，不去說那種無用的溫柔話，而是一邊忙著家務，一邊說與女兒病症無關的話。同時，帶給女兒一些書籍。一切那麼自然，以至女兒也相信父母不曾發現她哭過。她也就面無愧色地和父母議論起書中的英雄人物，講述著自己的讀書心得，談論著，講述著，最後竟然為如何評價書中的一個人物爭得面紅耳赤，各不相讓。

有一次，在火車上，有人問海迪的媽媽：**「海迪是一位自尊心很強的人，她也很**

**尊重別人，你們是怎麼培養成這種高尚品德的？」**

她媽媽說：「**從小培養她的自尊心很重要。但更重要的是讓她懂得尊重別人。否則，便會養成她孤傲、任性，目中無人的性格。」**

海迪的父母非常重視培養孩子的自尊心，讓她感受到她在父母及一切人的心目中有一定的地位，不能因為她生病而忽視她的存在。

海迪父母的一些老同事老朋友，常常問他們：「**海迪不但性格堅強，而且還有堅忍不拔的毅力，你們是怎麼培養教育的？」**

海迪的生病之後，爸爸媽媽內心是非常憂愁的。但他們從不在孩子面前表現出來。每天讓海迪看到的都是父母的笑臉。在海迪患病最艱難的時候，父母的內心是無比的痛苦與悲哀的，但他們還是面對逃脫不掉的現實。海迪的媽媽對爸爸說：「**我們要堅強，更要讓孩子堅強。她的生活之路還很漫長，如果一個人性格怯懦，做事沒有毅力，怎能經受生活中的風風雨雨。」**

海迪父母在日常生活中，注意在一些小事上做起，培養她堅强的毅力。

在海迪的成長過程中，爸爸媽媽常常運用這種寓教於樂的方法，對她進行生動活潑的教育。

海迪父母的精心培育和海迪自己的艱苦努力，終於結出了豐碩的果實。海迪以堅忍不拔的毅力和銳意進取的精神，獲得了吉林大學哲學碩士學位。她寫了《鴻雁快快飛》、《輪椅上的夢》、《生命的追問》和《絶頂》等優秀文學作品。她的成功，給父母帶來了極大的安慰。

培養孩子的毅力，我們給父母們的建議是：

‧**創設逆境，磨礪孩子的毅力**。不要對孩子嬌生慣養，可以製造一些挫折，考驗孩子的毅力。

‧**讓孩子從克服小困難開始**。對孩子的要求要嚴，讓孩子克服困難，逐漸加大，而且必須堅持到底，直到有效為止。

‧**發揮榜樣的作用，啓發自我鍛鍊**。根據孩子的特點，父母可以透過講故事，看電影，參觀名人紀念館，閱讀書籍等，讓孩子學習典型人物，啓發自我教育，培養堅忍不拔的毅力。

# G 篇 讓孩子擁有世界的捷徑

## 讀書習慣的培養

## 第27種好習慣

# 怎樣培養孩子熱愛讀書的習慣？

讀書是成功與進步的階梯。
讀書是讓渺小的個人，
在有限的生命中與無限的時空交融的途徑。

「秀才不出門，便知天下事」，這是一句流傳很久的民間俗語。「秀才」何至於有如此之大的能耐呢？其中原因既不像傳奇人物諸葛亮那樣占星卜卦，也不在其閉門苦思冥想，而在於讀書，在於大量地閱讀。透過博覽群書，從而知古今、明事理、煉心智，造就犀利的眼光、敏銳的思維、開闊的心胸。

「只要上帝賜給我一個孩子，而且你們認爲他不是白癡，那我就一定能把他培養成爲非凡的人。」這是十九世紀德國教育問題學會會員卡爾．威特在一次學會上的辯詞。在這次大會上，有人發表言論說：「對於孩子來說，最重要的是天賦而不是教育。」卡爾．威特不同意這個見解，他反駁說：「對孩子來說，最重要的是教育而不是天賦。孩子成爲天才還是庸人，不是決定於天賦的多少，而是決定於從生下來到五、六歲時的教育。就是那些只具備一般稟賦的孩子，只要教育得法，也能成爲非凡的人。」

不久，卡爾．威特果然有了一個兒子，也取名為卡爾．威特。小威特生下時，不僅不聰明，而且先天不足，體重不過二公斤，兩隻手和兩隻腳還在不停地抖動，哇哇的哭叫聲像中毒的小老鼠似的。鄰居在背後議論紛紛，說小威特肯定是個白癡。連小威特的家人們也說：「這樣的孩子，就是再好的教育也是白費力的。」然而，老威特面對如此殘酷的現實，並沒有失望，他認真地承擔起教育兒子的重任。

小威特有了讀書的興趣，就十分刻苦了。不久，這個孩子轟動了附近地區。他七、八歲時，已經能夠自由地運用德語、法語、拉丁語等六國語言，並通曉物理學、化學，尤其擅長數學。九歲時就考入了萊比錫大學，這個大學的校長說：「小威特已經具備了十八、九歲青年們所不及的智力和學力。」很顯然，這是老威特對他實行早期教育的結果。一八一四年四月，未滿十四歲的小威特被授予哲學博士學位。兩年後，又獲得了法學博士學位，並被任命為柏林大學的法學教授。

透過閱讀，可以把孩子引入一個神奇、美妙的圖書世界，使他們的生活更加豐富多彩、樂趣無窮。同時，還可以使孩子從書中獲得人生的經驗。因為人生短暫，不可能事事都去親身體驗，書中的間接經驗，將有效地補充個人經歷的不足，增添生活的感受。

我們給父母們的建議是：

• **父母首先要有閱讀習慣**。這是一種潛移默化的影響，因為孩子會不斷地詢問：「你們都不看書，憑什麼要讓我看？」「書裡到底有什麼有趣的故事？」如果父母不讀書，卻想讓孩子讀，他就會說：「你們都不看書，憑什麼要讓我看？」

• **讓孩子帶著問題讀書**。在孩子讀書過程中，父母應先抽出時間，看看孩子要看的書，提一些問題寫在紙上，讓孩子仔細閱讀，然後回答問題，這樣避免囫圇吞棗。

• **配合看一些名作欣賞作品**。在孩子看了一定量的名著後，可以引導孩子看一些名作欣賞作品，看看別人對名著的評價是什麼？跟孩子一起聊聊，看過的書都說了些什麼，有哪些特點，這樣孩子就會從讀過的書中慢慢受益。

第28種好習慣

# 怎樣培養孩子掌握良好的讀書方法？

書，是前人智慧、經驗的結晶。
讀書，就是讓孩子在有限的時間內汲取人類數千年成就，
使得孩子有可能「站到巨人肩上」，
成為令人矚目的成功者。

有人做過統計，發現正常人九十%以上的資訊來源於閱讀。在資訊爆炸的今天，閱讀能力的高低已成為個人能否成功的重要條件之一。樂於閱讀、善於閱讀正是成功者的重要特質。

小雨是個聽話的孩子。最近一段時間，小雨的媽媽卻對女兒很不滿意。原來，小雨在讀書時眼睛看著書本，確實在好好地讀，可是讀後卻一問三不知，好像沒讀過似的。小雨自己也挺委屈的——為了讀這些書，出去玩的時間都沒有了！

問題出在哪裡呢？從表面上看，閱讀就是用眼睛看。實際上，閱讀是一個處理資訊的複雜心理過程，有效的閱讀要求不僅眼睛看，而且用心「看」、用嘴「看」、用手

「看」。小雨的問題就出在沒有「四到」上。

「四到」，這是文豪魯迅先生最為推崇的閱讀之道。現代閱讀心理學也證實有效閱讀離不開「四到」。對於孩子而言，「口到」更有獨特作用。

在閱讀中，令父母傷腦筋的問題之一就是孩子常常分心，不能堅持閱讀。出現這種情況並不完全是孩子不聽話、故意搗蛋，而是與其神經系統發育有直接關係。由於孩子神經系統不夠成熟，他們對於自己行為的控制能力有待提高，這時候要求他們像初、高中生那樣保持閱讀目標、一以貫之地讀下去，這就有些勉為其難了。

不過，改善孩子閱讀情況，減少甚至避免分心，也並非不能夠。要做到這一點，可以運用「三到」原理，以孩子的「口到」帶「眼到」、「心到」。也就是說，在訓練孩子閱讀能力時，遵循從出聲地讀到無聲地讀這樣一個不斷轉化的閱讀能力發展規律，用出聲的朗讀克服心神渙散的情況。

出聲的朗讀促使孩子對自己讀的過程不斷轉換成積極思考，因此「口到」在孩子開始閱讀訓練時極為重要。但是，朗讀往往使閱讀速度較慢，而且在一些場合下並不適宜，所以又要注意引導孩子及時轉化到無聲閱讀階段，此時邊看邊思考尤為重要。在讀的過程中，適時地插問，或事先確立閱讀要解決的問題，讓孩子眼到、心到，從而保證無聲閱讀的效率。

眼到、心到、口到，基本上解決了孩子閱讀過程中注意集中的問題。要達到良好的閱讀效果還離不開「手到」：塗畫、記錄要點，記下疑問、感想，使閱讀更為積極，而且加深理解和記憶。

讓孩子掌握良好的讀書方法，我們給父母們的建議是：

•**先扶後放**。孩子閱讀能力的發展經歷從低到高的過程，需要父母教給他們基本的閱讀方法，幫助他們培養良好閱讀習慣，引導他們進入閱讀的「大門」。訓練閱讀能力的目標最終是使其成為獨立的高效率讀者，但這並不能一揮而就。在訓練開始之際，父母應當經由示範、提醒、啓發等方式「扶」他們一把；隨著孩子對基本方法的掌握及閱讀水準的提高，父母則應該減少幫助與干預，慢慢地放手。

•**先易後難**。根據孩子的實際能力，選擇恰當書籍，由易到難是極重要的。一般而言，閱讀材料中的生字詞不超過字詞總數的五％。在體裁上，學齡前的孩子以童話故事、簡短的詩詞為主，小學生閱讀材料應以記敘文為主，簡單的說明文、論說文為輔，意義明瞭、朗朗上口的短詩、兒童詩也可以。在文體上，童話、傳奇、民間小故事也是小學生喜歡的。另外也可以讓孩子看報紙上的短新聞。

•**先讀短篇，後讀整本書**。有時父母抱怨孩子讀書沒有耐性，一本書讀了個開頭就擱下。其實，讓孩子硬著頭皮攻讀「大部頭」原本就是不恰當的。「大部頭」其中關係錯綜複雜，要求讀者有較好的記憶力、連貫能力，否則讀到後頭忘了前頭，始終一團亂。而孩子抽象思維能力剛剛發展，即便堅持讀完「大部頭」，也免不了糊裡糊塗，不知所云。所以，應讓孩子先讀短篇，再視具體情況指導孩子讀簡本巨著或「大部頭」中某些章節。

• **先精讀後速讀**。精讀側重於閱讀理解、領悟與分析；速讀側重於快速地捕捉某些資訊。精讀與速讀都是最終應掌握的閱讀方法。不過，由於孩子閱讀能力有待提高，而且其目的側重於獲得堅實基礎，所以精讀的訓練在先。精讀訓練基本過關，才可以進行速讀訓練。

• **多多益善**。「韓信點兵，多多益善」。閱讀能力的提高確實需要大量的閱讀。有一部分父母傾向於孩子讀好課本、讀好老師發的閱讀材料就行了，反對孩子讀小說、雜誌等「閒書」，認為這是不務正業。殊不知，許多「閒書」並不「閒」，而是開闊孩子視野，鍛鍊孩子思維，提高孩子閱讀能力的很好的「課本」。

*H* 篇

# 讓孩子微笑著學習

## 學習習慣的培養

## 第29種好習慣

# 怎樣培養孩子的學習興趣？

興趣，是孩子學習知識的動力。
激發孩子的學習興趣，
能夠使孩子的學習從自發走向自覺。

陳宇華，一九七二年生，一九七八～一九八四年就讀於長沙市小學。一九八四～一九九〇年隨父母由湖南到福建廈門就讀廈門一中。一九九〇年以廈門高考文科第一名的成績保送到中國人民大學，一九九〇～一九九二年就讀於中國人民大學經濟系。一九九二年以當年大陸唯一的本科生被錄取到美國史丹佛大學。一九九二～一九九五年就讀於美國史丹佛大學。一九九五～一九九七年就職於美國科爾尼諮詢公司香港分公司。一九九七～一九九九年就讀於美國哈佛大學商學院。一九九八年就職於美國高盛投資銀行香港亞太區總部。一九九九年就職於默多克新聞集團北京分公司。二〇〇〇年一月創辦華有德康資訊技術有限公司。

和其他的孩子一樣，陳宇華小時候也並不是特別愛好學習，陳宇華的父母後來回憶說。大家都誇宇華聰明，父母倒覺得，小時候她和其他孩子的差別並不是很大，無論從智力上，還是對學習的興趣上。

像大多數家長一樣，在宇華一、兩歲的時候，父母就給她買了很多的書，像什麼《唐詩三百首》，《幼兒數學》，《十萬個為什麼》等等，一有空閒，就讓她念，但是她並沒有表現出多麼大的興趣。往往是父母一邊講，她一邊玩，東張西望，心不在焉的，根本不感興趣。「**宇華，背背爸爸昨天教你的那首詩，好嗎？**」「……」宇華擺弄著玩具。「**鵝，鵝，鵝……**」爸爸提醒道。「……」宇華還是不理，把玩具舉起來，突然說：「**爸爸，我要好多好多的玩具！**」

父母也沒辦法。看看人家小孩，說：「**來，給叔叔阿姨背首詩！**」小傢伙就搖頭晃腦地背詩：「**日照香爐生紫煙，遙看瀑布掛前川……**」父母聽著，非常羨慕。宇華連「鵝鵝鵝」都不會背。父母也不知道該怎麼辦，甚至有時候想，這孩子是不是有點笨呀？

那時候，鄰居家有個小孩，就是愛玩，成績很差。雖然管得很嚴，但成績一直就是上不去。她的父母氣極了，就逼她學習，結果逼也不行，照樣地玩；就打她，誰知道打也不行，那小孩很倔強，一邊嚎叫，一邊一個勁地喊：「**我就不愛學！我就不愛學！打死我我也不學！**」聽了這小孩的話，不光她爸媽生氣，宇華的父母也生氣：現在這些小孩，到底想做什麼？學習環境這麼好，還不愛學，他們愛什麼！

宇華倒是很喜歡小汽車，整天拿著個小汽車擺弄，可是這有什麼用？**「爸爸，汽車爲什麼有四個輪子？」**一天，宇華舉著小汽車問。**「四個輪子才穩當。」**爸爸一邊看報紙，一邊隨口說道。**「那，三輪車爲什麼是三個輪子？」「……有三個輪子，也就穩當了……」**爸爸有些不耐煩，因為他正在看一條重要新聞。**「那，自行車怎麼只有兩個輪子？」**爸爸放下了報紙，有些吃驚又有些尷尬地看著宇華，宇華正睜大眼睛看著他。父女對視了一分鐘，爸爸才緩過神來。

從宇華烏黑但充滿了疑問的大眼睛裡，爸爸像是看到了什麼！**「這不就是幾何的幾個基本原理嗎？」**爸爸的腦子裡像有個小火花跳躍了一下，當然，這只是實際生活中的幾個小小的疑問而已，但正因為是實際的，不是比教學上的理論更鮮明、更活潑嗎！爸爸知道該怎麼做了，像是大夢初醒一般！**「好孩子來，跟爸爸你講！」**爸爸就用最淺顯的話，認認真真地為宇華講解。令爸爸感到高興的是：這次宇華竟然一動不動，昂著腦袋，老老實實地聽著爸爸的話，既不亂講話，也不做小動作了。調皮、不愛學習、不會背「鵝鵝鵝」的宇華，現在多麼像一個好學生啊！

這件事情給父母很大的啓發，那就是：興趣是最好的老師。以前聽這句話，父母還不太相信，興趣？她根本不去學習，哪裡來的興趣？她哪裡知道學習的興趣？難道，只是吃啊，玩啊這些興趣？現在，父母明白了，興趣不僅僅存在於課本中，課堂上，更多的是存在於現實生活中。

從此，父母也開始發現，宇華原來是個很愛學習的孩子：她老是在不停的提問。「爸爸，爲什麼天是藍的？」「媽媽，爲什麼海水也是藍的？」「爲什麼喝的水，洗臉的水，卻沒有顏色？」以前，父母會覺得煩，總是要嘛胡亂說說，要嘛搪塞不理——其實，還有一個原因，有的東西父母也不知道。這是不是大人的虛榮心在作祟呢？看來得好好看看《十萬個為什麼》了。後來，父母就把一切地方，都當作了宇華的大教室。

就這樣，父母認真地對待宇華的各種問題，能解決的就解決，不能解決的，一面讓她自己思考，一面自己學習各種知識，然後再告訴她。宇華的「求知態度」得到了認真地回答，求知熱情也就更加高漲，不斷地提問，也在不斷地獲得知識。

如何激發孩子的學習興趣呢，我們給父母們的建議是：

• **讓孩子從學習中不斷感受到樂趣**。對未知的探索、對新知識的渴求，和我們旅遊爬山一樣，登得越高就看得越多越遠，從而充滿著獲得知識的愉快。當孩子嘗到這種樂趣後，即使管得嚴些，孩子也容易接受了，因為孩子從中感到了快樂。

• **讓孩子從努力中不斷體驗到成功**。學習是一個苦差事，如果只是一味地苦讀，嘗不到一點收穫成功的回報，時間長了勢必會厭倦。所以，對孩子的點滴進步和成功，我們都應看到並給予適當的表揚或鼓勵，哪怕是一句「今天很不錯」的話。孩子體驗到成功的快樂，從而自己激勵自己再下苦功夫去爭取更大的成功。

**・要幫助孩子在奮鬥中不斷瞄準新的目標**。帶孩子登山，我們總會經常指著前面某一處說，加把勁爬到那裡歇一會兒。每次作業，每次考試，每次寒暑假，父母都應該幫助孩子訂出應完成並且努力後能完成的目標來。如今天的作業在八點前做完，這次考試力爭平均分數達到八十分，比上次高二分等。讓孩子學習有目標，這樣不僅讓孩子從目標完成上感到的壓力轉為動力，更能讓孩子從努力超前或完成目標中經常體驗到成功，為以後攀登更高的人生目標打好基礎。不過在目標的設定上一要防止要求過高，孩子努力了也完成不了，他又何必去努力呢；二是不能隨意在孩子已完成目標後再加碼，讓孩子感到我努力了反而會有更多的作業在等著我，與其這樣，不如慢慢做。

**・鼓勵孩子參加課外活動**。課外活動，可以使孩子切身感受到知識的不足，需要進一步學習。如孩子對數學沒有興趣，鼓勵孩子多做數學趣味題，就會激發孩子學習數學的興趣。

## 第30種好習慣

# 怎樣培養孩子專心學習的習慣？

學習的最大「敵人」就是注意力渙散。
只有聚其精，會其神，
才能專心致志。

比爾．蓋茲從小就表現出驚人的專注力，加上家庭的引導和培養，使其長大後能長期癡迷於電腦。孩子好奇心强，可能對許多事物都有興趣，但往往很難專注於某事，淺嘗輒止，結果一事無成。有的父母也存在浮躁心理，喜歡攀比，見別人的孩子學什麼，也要讓自己的孩子學，恨不得天下所有的知識都要孩子知曉，所有的技能、特長都要孩子掌握。這只會造成孩子看起來什麼都會，卻無一技之長。孩子可能對許多事都有興趣，但往往很難能夠專注於某事——不能全心全意地投入，永遠只能在目標的周邊徘徊，很難達到很高成就。

地質學家李四光也曾有過類似的笑話。據他的女兒回憶，有一天，時間已很晚了，李四光還沒有回家。女兒來叫他回家吃飯，誰知他卻一邊專心地工作，一邊親切地說：「小姑娘，這麼晚了還不回家，你媽媽不著急嗎？」等到女兒再次喊「爸爸，媽媽讓你回家吃晚飯了」時，他抬頭，不由地笑了，小姑娘不是別人，正是他的寶貝女兒。

我們也都聽說過，數學家陳景潤一邊走路，一邊想他的數學問題，不知不覺中和什麼東西撞上了，他連聲說對不起，卻沒聽到對方反應，抬頭一看，原來是棵大樹。為什麼這些大科學家會發生這樣的事呢？原因很簡單，因為他們一心想著自己熱愛的科學方面的問題，對他們所思考的科學問題反應清晰，對於這些問題之外的事情一點也沒考慮，沒有在意。這就是他們鬧笑話的原因。

只有聚其精，會其神，孩子才能取得成功。而孩子能否集中精力則與父母的教育、教養的態度和方法分不開的。因此，要想提高孩子的學習成績，培養和開發他們的智力，第一步就要培養和訓練他們的注意力，養成專心致志的習慣。要不然，其他的訓練只能是事倍功半，甚至徒勞無功。我們給父母們的建議是：

**• 培養孩子善於集中自己的注意力**。這對任何一種勞動，尤其是腦力勞動具有很大的意義。能做到注意力集中的兒童，不但完成作業比較快，而且完成得比較好，效率高。那些作業馬虎、粗枝大葉的孩子主要是因為注意力不夠集中，沒能仔細地看準習題的要求和提供的條件。而且，善於集中注意力的孩子學習起來比較省力，效果比較好，也因此有更多的時間來休息和娛樂。

・**給孩子一個安靜整潔的學習環境**。孩子的書桌上除了文具和書籍外，不應放其他物品，以免分散他的注意力；抽屜櫃最好上鎖，免得他隨時都可能打開，在沒完成作業的情況下去清理抽屜；書桌前方除了張貼與學習有關的如地圖、公式、拼音表格外，不應張貼其他吸引孩子注意力的東西。女孩的書桌上也不應置鏡子。更不能允許孩子一邊看電視，一邊做作業。

・**要求孩子在規定的時間內完成作業**。如果作業太多，可以分段完成。有的父母因為孩子的注意力不夠集中而在旁邊「站崗」，這不是長久之計，因為長期這樣，會使孩子產生依賴心理。此外，孩子的注意力跟孩子情緒有很大關係，因此父母應該創造一個平和、安寧、溫馨的學習環境。聲音嘈雜的環境，雜亂無章的屋子，不正常的家庭生活，所有這一切都嚴重地影響著孩子注意力。同時，父母應該了解，能否集中注意力也與孩子的年齡有關。研究表明，注意力穩定的時間分別為：五～十歲孩子是二十分鐘，十～十二歲孩子是二十五分鐘，十二歲以上孩子是三十分鐘。因此，如果想讓十歲的孩子六十分鐘坐在那裡去專注地完成作業幾乎是不可能的。

・**讓孩子在一定時間內專心做好一件事**。常聽有些父母說：「我的孩子做事效率低，做作業動作慢，一邊寫一邊玩。」父母要注意培養孩子在某一時間內做好一件事的能力。對於家庭作業父母要幫他們安排一下，做完一門功課可以允許休息一會兒，不要讓孩子太疲勞。有些父母覺得孩子動作慢，不允許孩子休息，還嘮叨沒完，使他們產生反抗心理，效果反而不好。

• **對孩子講話不要總是重覆**。有些父母對孩子不放心，一件事總要反覆講幾遍，這樣孩子就習慣於一件事反覆聽好幾遍。當老師只講一遍時，他似乎沒聽見或沒聽清楚，這樣漫不經心的聽課常使得孩子不能很好地理解老師講的內容，無法遵守老師的要求，自然也就談不上取得好的學習效果。父母對孩子交代事情只講一遍，是培養孩子注意力的一種方法。

• **訓練孩子善於「聽」的能力**。「聽」是人們獲得資訊、豐富知識的重要來源。會聽講對學生來說是相當重要的，因為老師多半是以講解的形式向學生傳授知識。父母可以透過聽來訓練孩子的注意力，比如父母可以讓孩子聽音樂、聽小說，鼓勵孩子用自己的話來描述聽到的內容，從而培養專心聽講的好習慣。

# 第31種好習慣
## 怎樣培養孩子虛心好問的習慣？

培養孩子謙虛的品格。
不懂就問，不恥下問，
只有這樣才能產生好的學習效果。

司衛東生於一九七〇年十月。一九八六年考入中國科技大學少年班，畢業後在著名超導專家、中國科學院院士趙忠賢處攻讀博士學位。一九九七年六月赴美，現為賓州州立大學物理系博士後研究。

當衛東進入小學高年級時，爸爸觀察衛東，發現他喜歡唱歌，喜歡聽歌，可是哪一首歌他都唱不到頭；他喜歡看足球比賽，可是自己並不好動；一臺收音機讓他拆壞，不能還原；但是他喜歡看書，性格好靜，因而爸爸認為他研究理科比較合適，於是爸爸便根據這個大的方向來激發他對科學的興趣。

小衛東有強烈的好奇心，好奇就會促使衛東產生興趣。爸爸從這一點出發，注意在家教中引起衛東的好奇心，而每一次好奇心的誘發又都是以身邊的科學為內容的。

坐火車時，爸爸問衛東：**「衛東，你看這車窗外的樹爲什麼往後跑呢？」**「因爲火車在往前開。」衛東回答。**「那你再看看遠處，遠處的那些樹木是往後跑還是往前跑呢？」**啊，遠處的樹怎麼會朝前跑呢？整個大地看上去好像在圍繞一個看不見的軸在轉動。**「爸爸，這是怎麼回事？」**於是，爸爸給他講解了一番，引發了衛東對運動現象的濃厚興趣。

在教衛東學騎自行車時，爸爸問：**「我要把一個箱子從屋外推進裡屋，這摩擦力是好是壞？」「不好，推起來費力。」**衛東回答。**「那自行車輪子跟地面的摩擦力是好是壞？」**衛東回答不了了。爸爸就解釋說：**「自行車後輪和地面的摩擦力向後，那麼它的反作用力就是向前，推動自行車往前，所以人在車上踩踏板，就可以往前行駛。」「那這個摩擦力是好的了。」**衛東說。**「不全是好的，前輪跟地面的摩擦力又是不好的了。」**

他們回到鄉下，爬山鑽溶洞看鐘乳石的時候，爸爸就對他講山、講水、講古蹟；進城時，在公共汽車上，有位子他們也不坐，而總是站在最前面看司機如何開車；洗衣服，爸爸也把衛東喊過來看看，再用手指在漩渦中心的空洞處試試，告訴衛東龍捲風形成的道理……

這樣一次又一次利用衛東的好奇心，進行誘發。終於使衛東初步產生了對科學的興趣。接下來的任務，就是「由淺入深」，把他產生的興趣建立起來。

培養孩子虛心好問的習慣，我們給父母們的建議是：

- **做功課遇到疑難問題時，不要讓孩子依靠父母解決**。最好是做一些提示、反問，鼓勵他獨立思考，放棄依賴心理，因為做功課是他的責任。
- **培養孩子謙虛的品格**。不懂就問，不恥下問，只有這樣才能把學習做好。
- **要啓發孩子自己解決問題**。當孩子發現書上有不懂的問題，問為什麼時，父母要耐心回答，還要稱讚他能虛心好問。有的孩子學習上怕苦怕難，一遇到難題就問爸爸媽媽或爺爺奶奶怎麼做。這時不能直接告訴他答案，要鼓勵他自己動腦筋去想，要啓發他，自己去解答問題。

# I 篇 讓孩子珍惜時間

## 惜時習慣的培養

第32種好習慣

# 怎樣培養孩子珍惜時間的習慣？

每個人都是在時間的長河中開始人生的旅途，
每個人的生命都是在時間中發展的。
誰能夠把握時間，誰最會利用時間，
誰就最早接近成功的終點。

時間意味著什麼？時間就是金錢。事實上，在時間和金錢之間，還有效率和財富。也就是說，分秒必爭——提高效率——創造更多的財富才是現代人的時間觀念。時間比錢還要珍貴，珍惜時間就是珍惜生命。

一八四五年十月三十一日，是德國著名化學家、諾貝爾獎金獲得者阿道夫·馮·拜爾的十歲生日。前一天晚上，拜爾就高興地盤算著：明天爸爸媽媽一定會帶自己上街採購各種生日禮物，然後在家裡熱熱鬧鬧地慶祝一番，或者帶自己去痛痛快快地玩一玩。因為德國人對生日非常看重，鄰居的小朋友們過生日總是這個樣子的。誰知天一亮，父親照例早餐後就戴起老花眼鏡伏案攻讀，母親則帶著他到外婆家去消磨了一整天，直到黃昏才返回。

對父母親這樣的安排拜爾感到很奇怪，也有點兒不高興。細心的母親看出了這一點。在回家的路上，母親邊走邊開導拜爾：「**我生你時，你爸爸已四十一歲，還是一個大老粗。現在他跟你一樣，正在努力讀書，明天還要參加考試。我不願意因爲你的生日，耽誤他的學習時間。媽媽現在只能盡心盡力，使我們的家庭生活豐富多彩一些，你長大了，可要使我們這個世界更加多姿多彩啊！**」

拜爾的母親出身名門，是德國一位著名律師、歷史學家的女兒，她見多識廣，通情達理。她在拜爾十歲生日時給拜爾的這番教誨，成了拜爾受用終身的座右銘。拜爾在一九〇五年七十歲時獲取諾貝爾化學獎之後寫的一部自傳中回憶說：「**這是母親送給我十歲生日最豐厚的禮品。**」

拜爾的父親約翰·佐柯白原先是普魯士總參謀部一位陸軍中將，軍階雖高，文化水準並不高。在軍隊服役時曾有一位牧師勸告過他，叫他退役後一定要學習，掌握一門科學技術，以便能夠立足於世界。他父親認為牧師的話很有道理，自己又很愛好自然科學，所以五十歲退役後便不顧別人笑話，拜師學習地質科學，小拜爾十歲時，他父親已五十一歲，正是其苦心攻讀地質科學，積極準備應考的第二個年頭。父親的好學上進、勤奮刻苦，形成一種無形的力量，對拜爾的學習有深刻的影響。

父親對拜爾既嚴格管教，又時時給予鼓勵，一八五八年，年僅二十三歲的拜爾以出色的論文獲得柏林大學博士學位，父親特意趕去參加他的學位授予盛典，向他表示祝賀。因為拜爾是取得博士學位的人中年紀最小的一個，盛典結束時校長特別關心地問起他今後的去向。拜爾向在座的化學家們掃了一眼，耳邊又響起了父親那深沉的聲音，於是從人群中請出了年輕有為的奧古斯特·賈古拉教授，對校長說：「**我要追隨他！**」父親看到兒子接受了自己昔日的教導，臉上露出了滿意的笑容。

拜爾年少得志並不自滿。他牢記父母的教誨，學習父親好學不倦、珍惜時間的精神，幾十年如一日地不斷向科學高峰攀登，在研究有機染料和氫化芳香化合物方面做出了卓越的貢獻，終於在一九〇五年獲得了諾貝爾化學獎。

偉人、名人視時間為生命，對時間無比珍惜，他們的成功是他們做出了超出常人的努力。時間對每個人都是平等的，誰有緊迫感，誰珍惜時間，誰勤奮，誰就可以得到時間老人的獎賞。這個道理並不深奧。珍惜時間，父母要以身作則。如果父母本身就是一個勤快的人，生活節奏快而不亂，自然會影響孩子。反之，如果父母整日飽食終日，無所事事，孩子只有意識到這種危害性以後，才能珍惜時間，那就要走一段彎路。

時間是悄無聲息流逝的。在每一段時間裡，孩子所做的事情並不都是有意義的。有些甚至是在浪費時間和生命。浪費時間，是孩子們的大敵。許多孩子不懂得珍惜時間，這與父母對孩子的嬌慣有很大關係。有的孩子愛睡懶覺，每天早上父母一遍又一遍地叫，直耗到不起床上學就遲到的時候，才匆忙起來，父母還得給孩子穿衣服，收拾書包，疊被子……這樣做不但不利於培養孩子的時間觀念，也助長了孩子依賴父母的習慣。在處理這類問題上，我們不妨可以學學斯特娜夫人的做法，讓孩子嘗嘗自己耽誤時間的苦果。有些自尊心的孩子也會從中吸取教訓。以後會逐漸養成按時起床的習慣。當然採取這種以自然後果懲罰孩子的方法，父母要根據孩子的心理變化和實際承受能力把握時機，靈活運用。我們給父母們的建議是：

‧**讓孩子集中精力做事**。一旦養成了這樣的好習慣，就不會出現手忙腳亂、被動應付的局面。反而會覺得時間比較充裕。對孩子來說，做作業集中精力，很快做完與拖拖拉拉，總是做不完比較，前者反而可以騰出更多自由支配的時間，可以去做自己喜歡做的事，或玩耍、或遊戲、或看電視、或讀課外書。

‧**培養孩子良好的時間觀念**。養成良好的時間觀念是一個人做事成功的基本前提。尤其是對少年兒童而言，良好的行為習慣是多方面的。父母是孩子的第一任老師，在與孩子朝夕相處的歲月中，最了解也最熟悉自己的孩子，同時，父母有意無意在孩子面前所表露出的一舉一動，都對形成孩子的一些習慣性行為具有至關重要的作用。但由於一些父母的疏忽，總認為孩子還小，「樹大自然直」，對孩子做事少聞少問，少導少管，正確的行為缺乏鼓勵強化，錯誤的行為沒有糾正，久而久之，使問題變得愈為突出，好習慣沒有養成，卻形成了許多壞習慣。

• **培養孩子的勤奮精神**。時間，對於每一個人都是平等的，對待時間的態度不同，時間貢獻的效益可就大相逕庭了。魯迅先生認為天才就是勤奮，他的成功，不過是把別人喝咖啡的時間用在學習和工作上罷了。他不贊成那種空耗時間的人。他對自己的時間極其吝嗇，一分一秒都不願白白流逝。他把時間比做海綿裡的水，總是盡力去擠。人的生命就是從生到死這一段時間的總和。所以說，魯迅先生對時間的比喻，道出了生命的真諦，一個「擠」字道出了生命的價值，生命的意義。若一輩子總是恍恍惚惚，無所作為，生命還有什麼價值可言！若對時間沒有「擠」的精神，想成就一番事業，豈不是懶漢做美夢——空想一場而已。有志者惜時如金，無志者空活百歲。不善擠時間的人，很難說他能有什麼宏圖大志。

• **培養孩子善於抓緊時間**。為了不浪費時間，一切生活與學習用品，擺放要有序，要有定規；若擺得雜亂無章，常常為找東西浪費許多寶貴的時間。要從小養成今日事今日畢的習慣，督促孩子把應該做的功課按時完成，不要隨意進度拖延。在養成按時完成進度這個好習慣的過程中，父母要耐心細緻地說服幫助，不可性急、焦躁，更不可採取粗暴强制的辦法。在督促孩子完成他自己排定的時間表時，要著眼於時間觀念的培養，而不僅僅是應付差使。

# 第33種好習慣 怎樣培養孩子合理分配時間的習慣？

昨天是一張作廢的支票，
明天是一張期票，
只有今天是唯一擁有的現金，
應當合理地利用。

有效地利用時間，是一個成功人士必備的基本條件。可是在許多人的眼中，覺得提高效率沒有錯，但不能不顧條件和環境制約，主張一切「慢慢來」。明明三兩下就可以解決的問題，到了某些人手中卻非得拖個幾天，使許多事情事倍功半，人人喊累。究其原因，在於許多人心中缺乏時間概念，沒有明確而高效的工作方式、方法。時代已進入市場經濟，資訊時代，任何陳舊的想法都應當主動拋棄。我們做父母的，更是應時時提醒自己，千萬別把一些自己所痛恨的東西有意無意地傳遞給子女。

本田宗一郎一九〇六年十一月十七日生於日本靜岡縣一個貧窮農家裡。父親在日俄戰爭結束後退役回家，和他母親棄農開自行車修理店，以修理自行車和打造小農器為業。由於家中孩子多，經濟又困難，幼小的宗一郎便幫助父親拉風箱，經常在作坊間撿拾鐵片。他看到父親用靈巧的雙手打出鋤頭、犁耙和小農具，感到好奇又好玩，便將撿到的鐵片，學著父親敲打，做成各種小玩具，送給小弟弟玩。宗一郎拉風箱學打鐵，他看到父親累得滿頭大汗，脖子上掛著的毛巾也被汗水浸濕了，覺得十分心疼，便問道：**「爸爸，你不能慢慢地打嗎？看你累成這個樣子。」**父親十分嚴肅地說：**「要是慢吞吞地打，鐵坯冷卻了，就不能打成農具。做什麼事，都要講究速度，要迅速，要快。」**

幼小的宗一郎頭腦靈敏，對什麼事情都要提出為什麼。一次，他見到父親把三塊燒紅的鐵坯放在鐵砧上，不停地輪番敲打，父親打鐵技藝精湛，鍛打的聲音有板有眼。宗一郎好奇地問道：**「爸爸，你爲什麼要三塊鐵一起打，不如一塊一塊打，就不緊張了，也不會這麼累呀。」**父親回頭看了他一下，溫和地告訴他說：**「這幾塊鐵坯體積小，可以放在一起打，能夠一起打的鐵，就不要分開去打。這樣節省時間。你要記住，做工作要多動腦筋，能夠集中做完的活不要分開做，這樣可以節省時間。當天的活要當天完成，每天都有新的工作。」**

父親打鐵的啓發，深深地印刻在宗一郎的腦海裡，像一顆種子埋進了肥沃的土地中，直到後來他創辦本田技術研究工業總公司，宗一郎一直把高效、高速貫徹始終，並作為本田公司的傳統，一代一代傳下去。

教孩子不浪費時間，最好的辦法是幫助孩子合理安排時間。比如將每天必須做的事訂定一個合理的作息時間表，當然這個時間表要與孩子商量而定，取得孩子的認同，符合孩子的興趣和特點，不能一下子對孩子要求過高；還要考慮到孩子生活的各個方面，不僅有學習、勞動、休息，還要有孩子的娛樂和自由活動的時間，這樣孩子才可能積極地去做；訂定這個時間表是為了有個約束，更合理地利用時間。所以不應當是一成不變的，要根據實行的情況以及客觀條件的變化不斷調整完善，體現一個循序漸進的過程。父母則要對孩子的執行情況以肯定成績為主，予以及時的評價，提出建設性意見。父母督促孩子一段時間，以後使孩子逐步養成習慣，成為自然。

以下幾個方面的建議對父母也許有用：

• **教孩子巧妙地利用時間**。比如，洗衣服、打掃時同時聽外語或聽音樂；一邊看電視，一邊做些室內健身運動；與父母一起做家務事時，聊聊天、談談心、共同探討一些感興趣的問題等等。只要動動腦筋，日常生活中會不斷學習或總結出許多科學、合理利用時間的辦法。

• **要充分利用最佳時間**。兒童時期，孩子的大腦發育尚不完善，比起成人來，容易疲勞。他們記憶力好，但不宜進行過長時間的學習。一天最佳的學習時間，是在上午九～十一點，下午三：三〇～五：三〇，但在中午應讓孩子有二小時的休息時間。晚上做作業，複習功課，但不宜時間過長。時間過長，會影響孩子入睡。

• **父母對孩子提出時間上的要求時，還要學習掌握一些技巧**。比如，在孩子沒有完成作業但非常想出去玩的時候，他對於書本早已心不在焉了。這時如果還對孩子說「再寫十分鐘」或者「做功課做到四點為止」，這只會增加孩子對時間的焦躁不安之感，他會不時地看錶而根本沒把功課放在心上，就算在寫作業也會是心慌意亂，錯誤百出。所以在這個時候，不妨採用把學習時間改變為學習量的方法，比如「再做一頁練習」、「再背一段課文」，這就給孩子一定的讀書量，使他把精力轉向這個一定的量，於是對時間的注意也就逐漸淡漠了。

# 篇 讓孩子擁有一個健全的人格

## 行為習慣的培養

# 第34種好習慣 怎樣培養孩子健全的人格？

陶行知先生所說：

「千教萬教，教人求真；千學萬學，學做真人。」

性格是可以改變的，

它可隨著環境與條件的變化而變化。

父母要培養孩子成材，自己首先要有一個積極的生活態度和健全的人格。這些精神財富，對孩子的成長極為重要。

一八〇九年，林肯出生於美國肯塔基州一個農民家庭。在他兩歲時，他們全家重新開始了拓荒生涯。

林肯五歲時，已是父母的好幫手了。艱難與貧困的生活培養了他勤勞吃苦的特質，提水、劈柴乃至下地鋤草等工作他都經常做，而且很內行。

林肯的生母南西是一個心地善良、性格有些內向的婦女，家中的事情她通常都是聽丈夫的，自己不敢主動提出意見，更不能做主。但在關於林肯上學的問題上，她卻判若兩人，一改以往的怯弱，主動而堅定地對丈夫說：「**孩子必須上學了！**」

林肯的父親開始不贊成，他對妻子說：「**讀書對於像我們這樣的人家是不重要的，另外你也需要孩子們在家幫忙，他們已經是好幫手了。**」但在妻子再三堅持下，他終於同意了。林肯和姐姐於是獲得了上學的機會。

母親很關心姐弟倆的學習情況，每天不管有多累，她都要問孩子學習了什麼，學懂了沒有。這時兩個孩子就會高聲念他們學過的詞，然後朗讀使用了這些詞的句子。

童年的林肯，好奇心很强，常會因為看到了什麼奇事或聽什麼奇談而興奮得兩眼發光。有一次他對母親說：「**媽媽，我們發現這條狗在路邊叫得可憐，牠有隻腿斷了，爸爸說，我們可以用木條把它固定起來。我叫牠哈尼。爸爸說，我們可以把牠餵養起來，如果你同意的話。**」善良、正直、富有同情心的母親對兒子的做法由衷地感到高興，微笑著點了點頭。

隨著年齡的增長，林肯問的問題也越來越廣泛、高深。一天，他拉著母親的衣袖，天真地問了一個不知他從哪兒聽來的詞：「**媽媽，『解放』這個詞是什麼意思？**」

母親先是一怔，略加思索後注視著兒子，莊重地說：「**『解放』，意思就是自由。你知道自由是什麼意思嗎？那就是一個人屬於自己而不像奴隸一樣屬於別人。**」林肯點了點頭。母親又說：「**這是每個人應當有的權利，不管是什麼膚色。這一點一定不要忘記。**」

說完後母親好像如釋重負，雖然她無法確定這番話年幼的孩子是否聽懂了。後來的歷史證明，她的這番話對孩子心靈的震撼是無法估量的，而且居然影響了一個國家的制度變遷。

一八一八年十月五日，林肯的生母南西不幸去世。一年後他又有了一位對他終身都有影響的繼母——薩利．布希。

自從繼母來後，家務事就不用林肯操心了，他又可以抽出更多時間來讀書。看到林肯如此酷愛讀書，薩利就想盡辦法給他找來很多書，如《魯濱遜漂流記》、《伊索寓言》、《聖經》、《辛巴達水手》、《天路歷程》等。這些書讓林肯著迷，他隨時將書帶在身上，一有時間就津津有味地閱讀，從這些書中，他吸收了豐富營養，增長了見識，為他後來成為一位博學多才的人打下了基礎。

林肯的生日到了，送他什麼禮物呢？薩利有些犯愁了。她想，這件禮物若能驅散孩子心中那種與他年齡不相吻合的憂傷該有多好啊！她想了很久終於想起了一件東西。她迅速走到梳妝檯前，拉開抽屜，在裡面翻找，找到了！原來這是一本舊的韋伯斯特編的《英語綴字課本》，是薩利的姐夫送給她的。

林肯接過母親贈送的生日禮物時，感激地對母親說：「**謝謝您，太太！**」林肯還不好意思叫她「媽」，薩利也並不介意。

林肯對這本書很喜愛，當晚便迫不及待地把綴字課本拿出來讀了一遍又一遍，一直讀到蠟燭快要熄滅時他還不想休息。薩利明白，一本課本對於一個渴求知識的少年來說比什麼都重要。

林肯用手指按著書頁，抬頭看著薩利，激動但有點下意識地微微一笑，輕柔地說聲：「謝謝，媽媽。」薩利激動地流出了眼淚，她終於得到了這個倔强孩子的認同。母子倆的心貼得更近了，孩子愛著繼母，而繼母也用無私的愛來關心他、幫助他。

在以後的歲月裡，不管林肯的處境怎樣變化，薩利都是兒子最為有力的支持者。林肯從平民走上了總統的寶座，他的成功與他善良正直的特質、堅强不屈的意志、勤奮刻苦的精神、富有魅力的人格是分不開的，而這些都得益於他的兩位母親對他的教育和影響。正如林肯所說：「我的一切，都發端於我天使般的母親。」

林肯的生母陪伴他度過艱難的童年，培育他正直、勤勞的特質，努力讓他受到了良好的教育；林肯的繼母則用全心的愛，教育他、幫助他、支持他成為了一代偉人。

誠然，不是每個孩子都能成為偉人，但林肯的家教卻使我們深信：只要以一種高尚的愛去感化孩子、激勵孩子、幫助孩子，孩子就會成為一個健康而優秀的人才。

父母都要明白，培養孩子學習很重要，教會孩子做人更重要。父母應該把培養孩子健全的人格放在重要位置。我們給父母們的建議是：

**・要具備奮發向上的精神**。培養孩子對生活採取樂觀態度，積極進取，在困難和挫折以至逆境中就不會唉聲嘆氣、發無名火。要克服個人主義，個人主義嚴重就會患得患失，斤斤計較，憂心忡忡，怨天尤人。陶鑄先生的詩作中有一名句：「**心底無私天地寬**」，具備了這種境界，自然就會形成樂觀向上的精神。

• **愛和嚴結合**。正確地愛孩子是培養孩子良好性格的基礎。父母要恰當地愛孩子，必須將愛和嚴格統一起來。父母在行為品德方面嚴格要求孩子，孩子當然會苦一些，但從長遠來看，這有助於培養他們良好性格。怕孩子吃苦，過於遷就孩子，可能造成他們的任性、依賴性强的性格特點，在今後的人生道路上吃不了苦。事實上，孩子將來幸福與否，更受其性格的影響。

• **幫助孩子樹立遠大的目標**。理想是人格的核心。理想是透過父母、老師、社會的啓發引導，在孩子的內心逐漸形成的一種自覺追求，父母不能代替孩子規定目標，確定理想，更不能强加給他們。孩子單純而幼稚，他們常常會因為讀了一篇令其感動不已的文章而想長大了當作家，因參觀了一次自然博物館而想當科學家，也可能因為遇到一個可親可愛的老師，便立志自己長大以後也要當老師，有的想當軍人，有的想當飛行員、當明星、當運動員。對孩子這些想法不要輕易否定，要鼓勵他們積極向上的雄心壯志，隨著年齡的增長，根據不同孩子不同優勢的顯現，再把他們逐步引向適當的方向。

• **注意從日常小事培養**。培養孩子的健全人格，光講大道理是不夠的，重要的是從日常生活中做起。

第35種好習慣

# 怎樣培養孩子忍耐挫折的能力?

成長中總會遇到一些挫折。
不因幸運而故步自封,
不因挫折而一蹶不振。

面對挫折的態度,往往是成敗的關鍵。是堅持,還是退縮,便是能否取得成功的決定因素。許多天資聰穎、頗具才能者之所以失敗,就在於關鍵時刻他們放棄了,以致功虧一簣。堅強而有毅力的人絕不輕言放棄。有人説得好,成功者不過是爬起來比倒下去多一次而已。

王根,黑龍江省哈爾濱市第三中學高中學生,在省、市小有名氣,喜繪畫、善作文、能演講,會做節目主持人。

然而,在這個出衆的少年身上,反映的卻是一種耐人尋味的現象——他的考試成績並不頂尖,每每排名全班第十名以後。於是,重視考試名次的人,問他母親李曉凡如何看待這種現象，李曉凡的回答令人感到意外。她說，這沒有什麼。我重視的是兒子能夠健康成長，即心理和身體同樣健康。王根五歲就喜歡小弄丹青，有人說他是神童，李曉凡的回答同樣令人感到意外，她說，我的兒子不是神童，我也不相信有什麼神童。我只相信孩子的成長規律是：犯錯誤——改正錯誤——再犯錯誤——再改正錯誤。在這個過程中，做父母的要適時地給予科學的點撥，做一個與孩子同行的知心朋友。

李曉凡時常對人講，她的兒子性格開朗，心地善良，能力强。她直言不諱地說，我希望我的兒子學得紮實，玩得痛快，而不希望一個花環又一個花環地套在他頭上。

王根讀初中三年級時，有一天，有人動手打了他們班的同學，其中的一個同學眼鏡片被打碎，扎破了眼睛，傷勢很重。王根毫不猶豫地衝過去，雙手緊緊地抱住打人的人，止住事態，同時招呼班上的幾個同學，分頭報告老師和找車送傷者去醫院。他果斷提出去眼科醫院，理由是專科醫院治癒的把握大。無奈，眼科醫院因內部修繕無法接治，他又指揮去就近醫院，同時急呼在衛生局工作的媽媽立即趕來，邀請醫院院長到場……等到傷者的親屬和老師趕來時，一切已經安排妥當，令人嘆服。談起這件事，李曉凡說她滿意的是兒子的愛心、能力和處事果斷。

這種臨危不亂的特質，無疑是每個成功者所必需的，然而這是需要不斷地磨鍊和積累的。王根讀小學時當了糾察隊。由於孩子的天性，他淘氣，上課和同學說話。這些缺點被少數同學抓住，便不服從他的管理，而且譏諷他。他氣哭了，撕下綴在胳膊上的糾察隊臂章。

母親知道了，故意試探地問：「**要不要媽媽去找那些同學算賬？**」兒子搖頭。母親又問：「**媽媽去找老師反映？**」兒子仍然搖頭。媽媽竊喜，讓兒子自己去思考，同時加以點撥，指出當糾察隊應該起模範表率作用，還要心胸寬廣。

又到了選「模範生」的時候了，王根已經被提名，可是母親卻主動要求學校把兒子從名單上拿下來；學校要進行學生會幹部競選，母親說服兒子放棄競選；王根有多項技藝和特長，按照規定可以加分，母親也要求學校不要給兒子加分……面對眼看到手的榮譽和應當得到的待遇失去了，一個十幾歲的孩子竟然能夠以平靜心態對待，這是其逐漸成熟的表現，而在這「成熟」的背後，卻是母親大膽、細緻、深入兒子內心世界的思想交流。

培養孩子的耐挫力，我們給父母們的建議是：

•**幫助孩子正確認識「挫折」**。父母可以給孩子講名人成功前的挫折經歷，或自己小時候挫折故事，讓孩子懂得生活中隨時可能遇到挫折，只有克服困難，才能取得成功。

•**適當設置一些困難，讓孩子體驗挫折**。要適當地讓孩子們在莽撞中吃點「苦頭」，切身體驗一下，但更重要的是適時地幫助他總結失敗的原因，鼓勵他再去嘗試。在日常生活中，父母有意識設置一些困難，如讓孩子自己穿衣、繫帶、鋪床、收玩具等，鼓勵孩子自己的事自己做，不會的事學著做。

・**教會孩子對待挫折的方法，和孩子一起分析挫折原因**。父母應該教給孩子一些對待挫折的方法，如：自我鼓勵。「這次雖然沒得到第一名，但比在中班有進步了。」補償法：「我跳舞不行，可是畫畫不錯，要努力畫，爭取參加書畫比賽。」對嬌生慣養的孩子，父母不妨讓他受點冷落。父母要注意用一些機會讚揚別的孩子的優點，慢慢讓孩子習慣「有人比他更行」的事實。對孩子的缺點，不管他如何吵鬧不聽，也要堅決制止，幫助他克服。

・**應為孩子提供獲得成功的機會**。作為父母，要根據孩子的個性特點、能力程度，提出適當的要求，讓孩子做力所能及的事，使孩子透過成功的自我激勵，體驗成功的喜悅，獲得信心。另外，不管什麼原因，當孩子不能面對挫折時，父母應以樂觀的情緒感染孩子，如「這點小事，怕什麼，讓我們一起克服。」

・**讓孩子了解挫折和成功的關係**。遇到挫折並不意味著失敗，沒有挫折也不一定就是成功，教會孩子權衡利弊得失。

第36種好習慣

# 怎樣培養孩子的意志力？

意志力是一種堅強持久的毅力，
是良好的心理特質。
鍛鍊與培養孩子的意志力，
有助於孩子不懼困難的精神。

無論是學習，還是要完成一項比較艱巨的事業，都需要有意志力。對孩子來說，要想學好功課，固然對學習有濃厚的興趣是重要動力，但僅憑興趣是不夠的。學習是一項巨大而艱巨的工程，並不是靠一時熱情就能完成的。學習需要持之以恆的努力：無論是春夏秋冬，無論是晴天下雨，都要堅持不懈，由小學到中學，中學到大學，十幾年如一日地堅持，無論是容易是艱難，都要義無反顧地堅持。這就需要培養意志力。

周婷婷，一個雙耳全聾的孩子，遠遠超過了一般健全孩子的發展。她六歲時就認識了二千多個漢字，進普通小學，並跳了兩級；她八歲背到了圓周率小數點後千位，打破了當時金氏世界紀錄；她十一歲被評選為全國十佳少先隊員；她十歲發表了六萬字的幻想小說；她十六歲成了中國第一位聾人少年大學生，引起轟動，被評選為全國十佳少年、全國殘疾人自強模範，受到江總書記的親切接見。她還和爸爸周弘合著《從啞女到神童》，周婷婷創造了一個又一個奇蹟。

周婷婷一歲半的時候，因為藥物中毒，造成雙耳全聾。爸爸趕緊帶著她四處求醫，可是所有專家的結論都是不治之症。他懷著最後一線希望找到了上海五官科醫院最有名的耳科專家，診斷書上清清楚楚地寫著「腦幹電位顯示，雙耳全聾」。

**「大夫，還有沒有辦法治？」**爸爸急切地問。**「很遺憾，目前還沒有。」**大夫回答道。**「針灸行不行？」**爸爸不甘心。**「這只會給孩子增加無謂的痛苦，並沒有明顯的效果。」「那我女兒將來的出路在哪裡呢？」「只能上聾啞學校，從聾啞孩子的方向培養。」**爸爸徹底絕望了。

尤其是看到那個「啞」字的時候，爸爸情不自禁地淚流滿面。讓人做夢也想不到的是，十年後，婷婷並沒上聾啞學校，而婷婷的爸爸卻當上了聾啞學校副校長。這不是什麼奇蹟，而是實行科學的教育方法的成果。

婷婷小時候，既聽不見，又不會說。在幼稚園，別的孩子嬉笑打鬧，她卻只能孤獨地坐著，盼望爸爸早點來接。每次送她去幼稚園，她都哭得很凶。婷婷小時候長得很漂亮，小朋友們給她起了個外號「白雪公主」，但在前面有個定語「啞巴」。爸爸只要一去接婷婷，小朋友就會異口同聲的喊：「**小啞巴的爸爸來了！**」爸爸聽見這句話，彷彿三九嚴寒掉在冰窟裡，他的衣服都濕透了。

婷婷因為自卑，經常把小便尿在褲子裡，夏天和秋天還好，一到冬天，爸爸真是憂心如焚。每天下班爸爸都飛快地騎著自行車衝出廠門，見了婷婷就先摸摸她的褲子，如果濕了，頓時會覺得心裡涼了半截，經常是默默地流著淚帶婷婷回家。一路上凜冽的寒風呼嘯著吹過婷婷幼小的身體，看著婷婷凍僵的小手，爸爸心裡萬箭穿心般地疼痛。爸爸媽媽常常做同一個夢，那就是夢見婷婷會喊「爸爸媽媽」。

爸爸媽媽的心理很矛盾，是生第二胎，把婷婷當個殘疾撫養呢，還是竭盡全力幫孩子擺脱疾病的磨難？他們在進行痛苦的抉擇。「**有一個弟弟妹妹也好，這樣婷婷也可以有一個伴。**」他們想。可是他們聽説，那些有弟妹的聾孩子長大以後更慘，弟弟妹妹不但不照顧他們，反而視他們為累贅，甚至覺得家裡有一個這樣的人是見不得人的事。爸爸媽媽絕望到了極點。孩子的命運現在如此令人擔憂，將來還會更悲慘，這可怎麼辦呢？

他們又開始了漫長痛苦的求醫道路。婷婷光針灸就進行了五年，幾乎人體中最疼的穴位她扎了上萬次。在上海治療的日子裡，當一根根銀針扎進耳穴一寸多深的時候，那種巨痛，別説孩子，就是成年人也難以忍受。儘管這樣，還是不行，針老扎不準。畢竟她還是個孩子！

七歲時，婷婷的媽媽語重心長地比劃著對婷婷說：「婷婷，明天針灸再也不能動了！針扎不準，你的耳朵就好不了。你的耳朵聽不見，爸爸媽媽多著急啊！總是這麼著急，慢慢地就要得病，就會死去。那時，你像三毛哥哥一樣到處流浪，多可憐啊！」婷婷聽了這話，傷心地趴在床上大哭起來。大約過了十來分鐘，她抬起頭，擦乾眼淚說：「爸爸媽媽，明天針灸我保證不哭。」

一個七歲孩子的誓言能當真嗎？沒想到第二天奇蹟出現了。以往輪到她針灸，爸爸媽媽都得去拉她，可是那天她把媽媽的手一推，自己坐到了椅子上，所有的人，包括醫生都驚呆了。只見她雙手交叉緊緊捂著嘴巴，讓醫生把針一根一根地扎進去，自始至終一動不動，唯有淚水不住的流下來。婷婷的聽力恢復了一點點。也許只是幾百分之一。但是這已經為婷婷的學習帶來了一絲曙光。

婷婷的父親透過培養孩子堅強的意志力，為她的成功打下了基礎。

培養意志力的方法很多，我們給父母們的建議是：

- **啓發自我鍛鍊**。可以根據孩子的特點，透過講故事、看電影和閱讀等方式，讓孩子學習典型人物堅強意志力的培養，進行自我鍛鍊。
- **從日常小事做起**。父母帶著孩子堅持早上跑步，持之以恆，久而久之，也會逐漸培養起孩子堅持不懈的品德。
- **與孩子一起制定出一個能夠達到的目標，然後幫助與督促孩子努力實現這個目**

**標**。但定目標時必須注意：

定的目標一定要具體、切實、可行。只要自己努力就可以達到。如每天跑二百公尺，或三百公尺，五百公尺，可依孩子的年齡與體力而定。定下的目標，必須是只要堅持就一定能做得到的。不要定那些諸如考試、比賽拿第幾名之類的目標，因為名次不只決定於你自己，還有許多外在的不定因素，別人的成績不可能由你來把握。

定目標前要與孩子商量。說明任務的艱難，讓孩子真心接受，並對克服困難有足夠的心理準備。商量時允許孩子提出自己的意見，並盡可能尊重孩子的意見。不可勉强，更不能强加給孩子。因為目標最終是要孩子去實現的。一旦定下目標，不可輕易改變和放棄。放棄目標意味著毅力的動搖。若多次定下目標，再多次放棄，可能使孩子對放棄習以為常，以後做事也難再有堅持不懈的意志力。

定目標前要充分估計任務的難度與孩子的能力。一般來說任務不宜太滿，應當留有餘地。這樣平時不至於壓力太大而產生畏難情緒，特殊情況下未能完成，也可有餘力補上。適當的目標會使孩子在完成過程中提高興趣，有時甚至會因情緒高昂，精神集中，忘了時間而超額完成。這就由堅持轉化為自覺的追求，進而取得顯著收穫或成績，即由開始時的毅力到興趣，到成功的良性發展。

# 第37種好習慣 怎樣培養孩子自信的習慣？

自信就像人的能力催化劑，
將人的潛能都挑動起來。
自信可以克服萬難，
化渺小為偉大，化平庸為神奇。

自信就像人的能力催化劑，將人的潛能都挑動起來。自信可以克服萬難，化渺小為偉大，化平庸為神奇。父母在教育孩子的過程中，不僅要對孩子具有信心，而且還要注意培養孩子的自信心。幼小的孩子，顯得特別柔弱，特別是當他面對一個成年人的世界時，雖然他擁有未來，擁有將來的世界，但是現在他是弱小的，他的自信心也是特別弱小的。

小雪今年七歲了。她在家裡自然形成的習慣是，數學不懂問媽媽，作文修改找爸爸，打球、下棋找哥哥。家裡似乎每一個人都是小雪的老師，大家都可以替小雪做主。小雪只有「聽話」的份，沒有發言的「權」。爸爸媽媽覺得這樣的環境，對小雪個性的獨立發展，以及樹立堅强的自信都不利。

怎麼辦呢？小雪上學了，成了一名小學生。一年級開始學習中文拼音，幾個月後，她就掌握了每個字母的發音，以及全部拼音規則，並能正確拼寫了。媽媽終於找到了小雪的優點。在一個全家人都高高興興聚在一起的日子，便鄭重其事地宣布，小雪是我們家裡中文拼音的權威。因為家裡的大人都有南方口音，頑固不化，普通話讀音不準。哥哥在「文革」期間上的小學，也沒有紮實學好中文拼音。所以在我們家裡，誰遇到讀不準的音，拼不對的字，都要向小雪請教，她是全家學習中文拼音的老師。小雪當然大為振奮，高興得手舞足蹈。於是媽媽又告訴她當老師責任很重，不可以隨便弄錯呀！小雪使勁地點頭。此後她學習就更加用心了，測驗幾乎都是滿分。無論班上同學還是家裡人，都經常向她請教。

一個七歲的孩子，在她能夠幫助大人時的那種自豪感，那種實實在在的自信，是任何誇獎、表揚所難以產生的。

培養孩子的自信心，我們給父母們的建議是：

**‧要引導孩子尊重別人但不迷信別人，用科學的態度看待別人的成功與失敗，正確看待自己的進步，有成功的自信心。**

**‧要為孩子提供施展才能的機會。**在日常生活中，對孩子的一切，切忌熱心包辦和冷淡蔑視。凡是孩子能做的事，只要是有益的，父母應支持他們去做。孩子缺乏經驗和技術，有時失敗，或者有什麼失誤，這是正常現象。當孩子遇到挫折和失敗，父母應多進行安慰和鼓勵，幫助他們找出原因，使他們的自信心得到充分的保護。

• **切忌對孩子說「你懂什麼」之類的話**。這是許多父母常掛在嘴邊的一句話，殊不知，這是傷害孩子自尊心、自信心的「惡語」。每當孩子聽到它，自然會泛起難言的苦澀：父母都不信任我，我還有什麼前途？甚至會因此而自暴自棄，一蹶不振。

第38種好習慣

# 怎樣培養孩子良好的生活習慣？

培養孩子良好的生活習慣，應該從小開始。

父母應該從小就告訴孩子應該做什麼，不應該做什麼，應該怎樣做。

許多父母時間觀念很強，將日常時間安排得井井有條，先做什麼，後做什麼，層次分明，合理利用。因此在教育孩子時，也有意識地培養孩子的秩序感，使孩子逐步養成一個良好的生活習慣。但在有的家庭中，由於父母本身就沒有好習慣，天生手忙腳亂，搞得孩子也跟著亂，吃過的東西亂扔，玩過的玩具、書本亂放，用過的東西不能放回原處，衣服揉成一團，髒了也不知及時洗。由於父母沒有好習慣，不教導、指正，還習以為常，隨隨便便，孩子自然也就沒把這重視起來當回事，也不知究竟怎樣才算對才算錯。當朋友聚餐，和別人的孩子一比較，才發現自己孩子的毛病。他把朋友的房間搞得又髒又亂，吃飯時候自己占據了半面桌子不說，還東一支筷子西一支筷子，弄得自己很沒面子。他們沒有想到沒有注意孩子良好習慣的培養的結果會是這樣。

有個男孩叫亮亮，有一次，媽媽帶他去超市購物，亮亮覺得媽媽可以隨便拿物品，自己也可以，所以，一進超市就歡樂無比，沒兩分鐘就不見了蹤跡，東挑西揀亂拿東西。亮亮每次這樣表現，媽媽都會對他訓斥一番，亮亮老實一會兒，就又變成老樣子。

有一次看到一輛喜愛的童車，就不顧一切地跑過去，騎著滿商店亂跑，店員為了禮貌待客，不便阻止，可又擔憂。媽媽大聲責罵，想追上他把車奪過來，但亮亮根本不管那一套，像脫韁的小馬一樣亂跑亂竄，使媽媽費很大勁才震住，在超市購物的心情也沒有了，只好牽著孩子提前回家。

在去超市這樣的特殊場合之前，媽媽應該把注意事項講清楚，先立規矩，孩子就不至於這樣胡鬧了，久而久之養成了好習慣，就知道了遇到這樣的場合應該怎麼做。因為媽媽沒有把超市的規則講清楚，孩子只以為媽媽帶他去了一個好玩的地方，卻不清楚進了超市怎麼做，所以到了這種忘乎所以的地步，再限制孩子，也會聽不進去，把父母的話當成耳邊風。如果媽媽講清道理並做出一定的規定，孩子不遵守或者下次不再帶他去或者當即停止購物，一同回家反省。

亮亮有個丟三落四的毛病，經常找不到自己的書和簿本。有時好容易找到了書，作業本又不知放在哪裡。媽媽送他一個公文袋，讓他把書、簿本、文具都裝在一起，但不久連公文袋也不知丟到哪裡去了。有時他到學校發現忘了帶書本，從學校打電話叫媽媽給他送去。挨老師的批評自然也是免不了的，改掉亮亮的毛病成了媽媽的心事。

一個偶然的機會，亮亮的媽媽讀到這樣一個故事：一個七歲的美國孩子叫比爾，上學常常忘記帶午飯。媽媽說：「**比爾，你已經長大了，應該自己的事自己做，應該對帶午飯負責。今後如果你忘了帶午飯，打電話來要媽媽送飯，媽媽堅決不送。**」結果調皮的比爾向老師借錢買了午飯。媽媽得知後，又和老師商量，要求老師配合。有一次，比爾忘記帶午飯，他知道媽媽不會送飯，就向老師借錢，老師說：「**我已經答應你媽媽，為了幫助你克服壞毛病，不能再借錢給你。**」比爾被餓餓折磨了一下午，體驗到因自己不帶午飯而饑腸轆轆的感覺。從此以後，比爾對自己的事，總是想著做，再也不丟三落四了。

亮亮的媽媽也想用此法試試。一天，亮亮上學又忘記帶課本，他打電話讓媽媽送來。亮亮的媽媽說：「**我已經告訴你，不帶齊書本你自己回來拿！媽媽應遵守諾言。**」說完並掛斷了電話。

亮亮非常惱火地跑回家，責怪媽媽一點兒不通情達理，讓他自己跑回來拿課本耽誤課程。他伸手向媽媽要錢，說要搭車回學校，媽媽說：「**就十幾分鐘的路，自己跑**

步回去。」亮亮無奈地跑步返校。

放學了，媽媽問亮亮：「你從這件事中懂得了什麼？」

「我想，下次我得早點兒起床，自己收拾好書包，不能再丟三落四了。」亮亮不好意思地說。

「對呀，如果媽媽像以前一樣，你忘記帶書本還是給你送去，你還能有這種體會嗎？」「以後你早上賴床遲到就罰站；忘記帶水，就只好渴著；忘記帶飯，就只好挨餓……讓你自己嘗到丟三落四的苦頭，直到養成良好的生活習慣。」亮亮伸出長長的舌頭，做了一個鬼臉。

培養孩子良好的生活習慣，我們給父母的建議是：

•**從小養成好的規範和標準**。有些人在獨立生活時，很有時間觀念，對自己的生活安排比較好，一旦組建家庭，就有些毛毛草草，特別是寶貝出世，家庭成員增多，工作緊張，在時間上不能保證，逐漸就變成了一個雜亂無章的人，忙亂無序的人。這種父母當然不能要求孩子遵守時間，父母對孩子一會兒這樣要求，一會兒那樣規範，一會兒說可以餓了就吃，一會兒又說必須準時開飯，沒有準則，孩子如墜雲裡霧裡，不知如何是好？父母沒有時間觀念，造成孩子從心理上放鬆，慢慢發展到對什麼都無所謂了，見了好吃的東西隨便吃，見了好玩的東西隨便拿，見了不好看的書隨便撕，要想改變這種狀態需要花一定的時間，有步驟地訓練孩子，教育他從小就要以一種好的行為規範做標準。

• **要給孩子創造機會**。良好的生活習慣是在反覆實踐中養成的。因此，父母要盡量給孩子創造一些機會，並注意督促檢查。

• **父母要有信心**。培養孩子的好習慣，父母首先要有信心。我們常說萬事開頭難，一個新習慣的誕生，必然會衝擊相應的舊習慣，而舊習慣不會輕易退出，它要頑抗，作垂死掙扎。另外，我們的肌體、心靈也需要時間從一種狀態過渡到另外的狀態，需要一個適應過程。從記憶的角度講，人也需要不斷複習新建立的好習慣，要求强化它。所以，頭三天要準備吃點苦，要下工夫，要特別認真。過了這一關，坦途就在眼前。

• **養成教育切忌「虎頭蛇尾」**。培養好的生活習慣不是一朝一夕的事情，改掉一個壞的生活習慣必須付出長期的努力。父母要有韌性，不能試驗了一段時間後，發現沒有什麼效果就不了了之了，那樣，今後再教育起來會更加困難。

# K篇 讓孩子做一個有教養的人

## 文明健康習慣的培養

第39種好習慣

# 怎樣讓孩子成爲一個有教養的人？

在一個有教養的人身上，
必須有良好的文明禮儀。
在一個缺乏教養的人身上，勇敢就會成為粗暴，
學識就會成為迂腐，機智就會成為逗趣，
質樸就會成為粗魯，寬厚就會成為諂媚。

「少成若天性，習慣成自然。」一些父母認為，現代社會講個人自由，懂不懂文明禮儀沒關係，只要學習好、有本事就行了。這些父母只要留心一下周圍人物，注意一下大眾傳媒，事業有成的人有幾個不懂文明禮儀？現代社會的確尊重個人的選擇，自由度大了，然而對人的文明禮儀要求更高，因為文明禮儀是社會文明程度的重要標誌。

在日常的工作、學習生活中，禮貌也是促進人際交往的「黏合劑」和「潤滑油」。孩子最終是要走上社會的，試問，一個舉止粗俗、滿嘴髒話的人能受到人們的

歡迎嗎？答案必然是否定的。這樣一個人縱然學識淵博，滿腹經綸，也無什麼前途可言。相反，一個人舉止得體，待人彬彬有禮，必定深受人們的歡迎，人際交往對他來說並非難事，有利於他今後的發展。

楚楚的爸爸媽媽用一種積極、鼓勵的態度，讓孩子更有禮貌。楚楚與媽媽一起上街，在過馬路時，楚楚看見一個老爺爺行動不便，便主動扶著爺爺走過馬路，之後，他們有這樣的對話：「楚楚，你注意了沒有……」媽媽叫住了已經走到前面去的孩子，「旁邊的叔叔微笑地看著你，後邊的阿姨向你投來讚許的目光，路邊的那位小妹妹還向你豎起了大拇指！」

楚楚一心扶著老爺爺過馬路，哪能注意到這些呢？

「楚楚，爲什麼這麼多人都誇獎你呢？」媽媽適時地誘導著。楚楚沒有回答，但從她的微笑中，媽媽明白：孩子已經知道，受別人誇獎的原因是她扶老爺爺過馬路。

楚楚只是做了一件很小的事情，細心的媽媽就透過這件事情與孩子一起尋找原因，進而讓孩子領悟到行為規範、行為價值的教育方法。

楚楚與爸爸一起去買東西，爸爸在輕鬆、愉快之中讓楚楚養成更好的禮貌行為。「阿姨，請換一杯酸奶，好嗎？」楚楚踮起腳，笑眯眯地請求阿姨。楚楚很快拿著換回的酸奶來到爸爸身邊。「楚楚，你後邊的那個叔叔也換酸奶，阿姨沒有像對待你那樣痛快地換給他，你知道這是爲什麼嗎？」楚楚搖了搖頭，她沒有注意到後邊的叔叔。

爸爸告訴楚楚：那位叔叔沒有禮貌，楚楚在換酸奶時用了個「請」字，所以，阿姨愉快地答應了楚楚。楚楚的爸爸著眼於關注孩子成功行為、正確行為，對此有目的、有重點地誘導。當孩子出現不禮貌行為的時候，父母便與孩子一起分析原因，逐漸地在孩子腦中形成「條件反射鏈」。

有些父母往往會頻繁地分析孩子錯誤的原因，失敗原因，致使錯誤行為、失敗的行為表象充塞孩子的大腦。一遇刺激，這些行為便躍然而出，使孩子一錯再錯。父母要像楚楚父母那樣從積極的方面，去幫助孩子關注成功，關注良好結果，去幫助孩子分析成功的原因，分析導致良好結果的原因。每個孩子的身上都會有優點，特別是父母具備較好的禮貌行為時，孩子會表現更優秀。只要真誠地鼓勵、讚賞孩子的「禮貌」之處，就會使他變得更為彬彬有禮。

培養一個有教養的孩子，我們給父母們的建議是：

• **注重個人禮儀的培養**。個人禮儀包括儀容儀表、儀態舉止、談吐、著裝幾個方面。從儀容儀表說，主要要求整潔乾淨，臉、脖頸、手都應洗得乾乾淨淨。頭髮按時理，經常洗。指甲經常剪。注意口腔衛生，早晚刷牙，飯後漱口，不能當著客人面嚼口香糖。經常洗澡、換衣服，消除身體異味，有狐臭要搽藥品或及早治療。從儀態舉止說，主要從站、坐、行以及神態、動作提出要求，古人對人體姿態曾有形象的概括：「**站如松，行如風，坐如鐘，臥如弓**」優美的站立姿態給人挺拔、精神的感覺，身體直立、挺胸收腹、腳尖稍向外呈V字形，忌諱無精打采、探脖、聳肩、塌腰。正式場合不能叉腰或雙手交叉，坐姿要求端正挺直而不僵硬，不能半躺半坐，兩腿間距與肩同寬，不能叉開，雙手自然放在膝或扶手上，大方得體。走路要求挺胸抬頭，肩臂自然擺動，步速適中，忌諱八字腳、搖搖晃晃，或者扭捏碎步。表情神態要求表現出對人的尊重、理解和善意，面帶自然微笑，忌諱隨便剔牙、掏耳、挖鼻、搔癢、摳腳等不良動作習慣。從談吐方面說，要求態度誠懇、親切，使用文明用語，簡潔得體，不能沉默無言，也不能自己喋喋不休，要認真傾聽對方講話，交談時忌諱東張西望，翻看其他東西。交談人多，不可只跟一人談話而冷落其他的人。從衣著方面說，要求乾淨、整潔、合體，忌諱皺皺巴巴。

•**注意公共場所禮儀**。公共場所禮儀包括走路、問路、乘車、購物、在影劇院等方面。走路除了注意體態、姿勢之外，要遵守交通規則，遇到熟人要打招呼，互致問候，不能視而不見。如見到熟人需要交談，應靠邊或到角落談話，不能站在道路當中或人多擁擠的地方。行人互相禮讓，青年人主動給長者讓路，健康人主動給殘疾人讓路。向別人打聽道路，先用禮貌語言打招呼，如「對不起，打擾您一下」、「請問」等，年輕人問路應選適當稱呼，如「老爺爺」、「阿姨」、「叔叔」等，然後再問路。聽完回答之後，一定要說：「**謝謝您！**」如果被陌生人問路，則應認真、仔細回答，自己不清楚，應說：「**很抱歉，請再問問別人。**」到商店購物，要用禮貌語言，忌諱用「喂」、「嘿」等字眼，購物之後也應說「謝謝」。在電影院裡，不能大聲喧嘩，不能亂扔紙屑、果皮，盡量提前一點兒到場、入坐，如果遲到，入坐時走姿要低，速度要快。觀看演出，要尊重演員，適時禮貌鼓掌。演員謝幕時，不能提前退場。乘坐公共汽車、火車，人多擁擠，要照顧老人、小孩和殘疾人。人與人之間互相擠撞，不要惡言惡語，要抱理解、寬容態度。要保持車上衛生環境，不亂扔東西，學生上車不要搶座。

• **注意待客與作客禮儀**。家中來客人，要事先有所準備，把房間收拾整潔。中小學生也要學會以主人身分招待客人。迎接客人進屋，幫助客人放衣物，請客人在合適的位置落座。問客人喝什麼飲料，主動送上。要雙手呈接物品。要主動、大方地與客人交談。客人要走時應禮貌挽留，說「**您再坐一會兒**」、「**再喝杯茶吧**」等。要送客人一段距離，說「**再見**」、「**歡迎您再來。**」去親友家作客要儀表整潔，盡可能帶些小禮品，以表示對主人的尊重。在親友家，不能大聲大氣，要談吐文明。不經主人允許，不可隨意動用主人家裡的東西，即便是至親好友也應先打招呼，徵得主人同意。如果在主人家用餐，要注意用餐時的禮儀。不能搶先入坐，不能先動食品。要請長輩先坐下，長輩動筷後再動筷子，雙肘不能放在桌子上。飯後，坐好略陪大家一會兒，或者說：「**我用好了，請慢慢用。**」然後在離座去別的房間休息告別時，要說感謝的話，如「**今天眞高興**」、「**歡迎到我家去。**」

第40種好習慣

# 怎樣培養孩子寬容忍讓的品格？

寬容忍讓就是要幫助孩子學會容納別人，與別人友好相處。
不會寬容別人的人，
也不會得到別人的寬容。

寬容忍讓的品格可以讓一個人的一生受益無窮，可是現在因為種種原因，我們的孩子越來越欠缺這種品格。一位孩子的老師是這樣做的：

為了讓孩子們學會友好相處，我教他們用「讓一讓」作為解決矛盾的方式。我先給他們講「小山羊過橋」的故事：兩隻小山羊同時從兩邊過獨木橋，在橋中間相遇，誰也不讓誰，結果都掉到山澗裡摔死了；然後引導小朋友想想這兩隻小山羊為什麼會掉到山澗裡去的，怎麼做才可以都平安地經過獨木橋；接著想像一下如果在大街上，或在幼稚園裡誰都不讓誰，會成什麼樣子。孩子們想到了，有的說汽車會撞汽車，有的說汽車會壓死人……接著我讓小朋友談談「讓一讓」的好處，然後希望大家學會

「讓一讓」。這以後，孩子之間的矛盾減少了。即使出現了矛盾，也能用「讓一讓」的方式解決。

一次，幼稚園小朋友胡朝陽和劉昆吃完飯，爭著拿抹布，都想說「**我先拿的**」。剛說了「我」字，胡朝陽馬上想起了故事，他說：「**對了，讓一讓。**」就把抹布遞給劉昆。劉昆也笑著說：「**對了，讓一讓。**」又把抹布遞給胡朝陽。胡朝陽接過抹布，先替劉昆擦好桌子，然後才擦自己的。

費米太太對她的丈夫和孩子們的徹底的明智的熱愛，把他們緊密地結合在一起。她的熱愛摻著一種責任感和堅決不屈的正直感，在她的熱情中也注入了某種嚴厲。她的孩子們一定要努力而為，才能在德育和智育上達到她為他們規定的和要求於他們的那種高標準。

有一次，恩里科因一本課外書與姐姐瑪麗亞爭了起來，姐弟二人互不相讓，正好被費米太太碰見。

「瑪麗亞、恩里科，你們兩個過來！」

「瑪麗亞，你先說，爲什麼要吵架！」費米太太嚴厲地問道。

「弟弟拿了我的書，我向他要，可是他不給！」瑪麗亞理由十足地說。

費米太太又轉向小兒子：「是不是這樣？恩里科。」

「是的，媽媽，可是我眞的想看那本書，這有什麼錯！」

「看來，你們兩個都沒錯喲！」

停了停，費米太太又說：「其實你們兩個都錯了。」

瑪麗亞和恩里科不解地望著媽媽。

「瑪麗亞，你是姐姐，應該讓著弟弟；恩里科，拿姐姐的書，必須徵得姐姐的同意。一個不懂謙讓，一個不懂禮貌，是不是都有錯？我可不希望我的孩子是這個樣子！」

姐弟倆相對無語，他們明白了媽媽的意思，暗自決定向媽媽的要求看齊，做一個聽話的、明事理的好孩子。

以下幾點小建議可能會對父母們培養孩子的忍讓品格有所啓發：

- **要教育孩子擺正自己在家庭中的位置**。讓他懂得他只是家庭中的普通一員，不能對他驕縱，無限制地滿足他的願望，更不能給予他特殊的權利，使他高高在上。
- **要求孩子心中有他人，不要總是以自我為中心，只顧自己**。
- **必要時讓孩子有一些吃虧讓步的經歷，以鍛鍊孩子的克制能力**。
- **多給孩子與同伴交往的機會，使之從中得到鍛鍊**。讓孩子在發生矛盾的後果中體會到只有團結友愛、寬容謙讓，才能享受共同玩耍的快樂。
- **家庭成員間要友愛寬容，讓孩子從小就生活在一個溫馨、和諧、友愛寬容的家庭環境中，使其在潛移默化中逐漸形成穩定的寬容忍讓的好品格**。

第41種好習慣

# 怎樣教孩子學會解除心理壓力？

一個人的進步需要一定的壓力。沒有壓力，就會疲疲沓沓，一事無成。但是人承受壓力是有一定限度的，過重也會使人喘不過氣來。

許多孩子對壓力的反應是獨自面對，把它藏起來。如果你的孩子以前話挺多，突然變得深沉起來，那他一定是遇到了問題，你應該設法幫助他，多與孩子談話、交流、溝通，讓孩子說出感到緊張不安、苦惱、產生壓力的原因，這有利於孩子化解壓力，也有利於你去幫助孩子化解壓力。一位教育研究者也說過：「**八十％的學習困難與壓力有關。解除壓力，你就能解決那些困難。**」

蕭蕾從小學到初中都深受老師的喜愛，成績優秀，繪畫比賽總是榜上有名。老師做什麼事都愛叫她，動不動就表揚稱讚她一番，她成了老師的「小紅人」。爸爸發現蕭蕾悶在一邊想心事，就問她：「**誰欺侮了你？**」蕭蕾背過臉不說話。爸爸拿出一張畫展的票，蕭蕾也沒有看一眼，爸爸說：「好，你不理我，我就一個人去看畫展了。」蕭蕾委屈地投入爸爸懷裡，她告訴爸爸，今天的美術最高分是別的同學，老師還讓大家都向那個同學學習。蕭蕾覺得那個同學的繪畫不如自己。她覺得班主任也常誇獎別的同學。爸爸拉著女兒的手說：「爸爸知道你心裡難受，走，我們先去看畫展。」在看畫展的過程中，爸爸讓女兒仔細看，美麗之處在哪兒，不是之處又在哪兒，如果讓女兒來畫又會是什麼樣的？看完畫展之後，女兒感慨：「他們爲什麼能畫出這麼多可愛的圖畫？」爸爸及時地引導女兒：「山外有山，樓外有樓。在任何一個時候都要虛心向別人學習，才能眞正有長進。」女兒說：「可是，可是，我班上那個同學畫的確實不如我。」「既使她畫得不如你，但她的圖畫還是有可取之處的，要善於吸收別人的長處，將它變爲自己的。一個眞正的藝術家，首先是一個心胸寬廣的人，而不是太多地計較個人的名利得失，他更多的精力用於了事業追求的本身。」蕭蕾認真地想了想，第二天，她認真地看了同學的畫，發現的確有創意之處，並且是恰到好處。蕭蕾在爸爸的引導下，化壓力為學習動力，以至於得到了相當的收穫。

當今，一些孩子常因一些在成人看來微不足道的原因而離家出走，甚至自殺。許多父母和老師說，現在的孩子太嬌氣，心理承受能力太差啦。的確，一個人只要參與社會生活，就會遇到各種壓力、困難和挫折。對此，有的人堅强、樂觀，勇敢地去戰勝它；有的人就顯得懦弱、悲觀，處處逃避它。做多大的事需要多大的心理承受能力，使孩子逐步形成遇忙不亂、遇驚不顫、寵辱不驚的心理特質，保持心理健康。

我們給父母們的建議是：

• **做父母的不要給孩子制定不切實際的奮鬥目標，不要給孩子的行為太多的約束**。如果不顧孩子自身實際，只知道讓孩子這個拿第一，那個要優秀，就會給孩子增加巨大的壓力。還有的父母只讓孩子學習，這也不讓他做，那也不讓他做，這也會讓孩子感到壓力。

• **要讓孩子有足夠的休息和娛樂時間**。如果孩子不能得到足夠的睡眠，休息不夠，就會感到身心疲勞，無法集中精力學習，就會讓孩子感到緊張，帶來壓力。娛樂是化解孩子壓力的較好途徑，與孩子一起做遊戲，使孩子沉浸在快樂的事情之中，壓力就會被拋到九霄雲外了。如果帶著你的孩子走進大自然，共度悠閒時光，接受大自然的陶冶，在大自然寬大溫暖的懷抱中，一切煩惱、緊張、壓力都將置之腦後，隨風飄散。人們對待壓力的態度，還取決於人的意志力的强弱。人如果有了這種堅强的毅力，就會百折不撓，頂住任何壓力前進。意志力是一種精神力量，精神壓力只有靠這種精神力量才能戰勝。

• **如果在事前有思想準備，當壓力到來時，就會得到緩衝**。承受壓力的思想準備越强，承受壓力的能力就越大，相對來說，壓力本身就等於減小了。壓力是我們生活中的一部分，人不可能一點壓力都沒有，生活中一點小小的壓力或坎坷，只不過是錯綜複雜、變化多端的生活中的一個小小插曲，區區小事，何足掛齒呢？有了這種心態，有了面對壓力的氣魄，那壓力自然就小了。

**•父母要從關心孩子出發，有愛心、有耐心地與孩子多談心，做孩子的知心朋友**。只有這樣，才能使孩子的鬱悶得到疏散，使孩子每天都有個好心情。美國醫學專家哈費萊德教授經過十多年的臨床研究，得出結論：「人的不良情緒容易引起心血管病、糖尿病、潰瘍症或精神病等，並使這些病不斷惡化。」他特別指出，長期憂鬱的人，還可能致癌。對孩子來說，長期的鬱悶得不到宣洩，就會給孩子本人、家庭和社會帶來危害。因此，做父母的，要善於觀察孩子，當孩子情緒不好時，要注意幫他調整，孩子有話，該說就讓他說。孩子委屈，該哭就讓他哭。孩子鬱悶，該喊就讓他喊……讓孩子暢所欲言，一吐為快，幫助他解除心理壓力。

**•盡可能地讓孩子自己決定和處理自己的事**。隨著獨生子女的增多和生活水準的提高，許多孩子生活在衣來伸手、飯來張口的環境中。當他們真正面對學習、生活、交往中的一些困難或壓力時，往往不知所措。他們什麼事都依賴父母或老師，缺乏獨立意識，缺乏戰勝困難的信心和勇氣。這正是前面所提到的各種問題的根源所在。因此，作為父母應盡量地讓孩子自己決定和處理自己的事。只要不是壞事，只要孩子能夠做到，就讓他們自己拿主意，自己去做。

**•及時地排解孩子的心理壓力**。有時孩子會面對一些他自己無法承受的心理壓力。如成績不良，被他人威脅、侮辱、打罵，家庭的不幸等等。這時就特別需要父母進行積極的排解和疏導。常用的方法是：跟孩子談心，解開他們思想上的疙瘩。給孩子做出某些承諾，消除顧慮。幫助孩子分析原因、解決問題。鼓勵孩子堅強、自信，化解心理壓力。善意地關心孩子的事——不論與心理壓力的成因有無直接關係，都會使孩子獲得信任感。

• **有目的地進行「心理操練」**。心理和生理一樣，必須透過一定的鍛鍊活動來促進其健康。為培養孩子的心理承受能力，可有目的、有計劃地開展一些「心理操練」。比如，可在體育活動中有意識地培養孩子的意志品格；透過組織各種興趣活動來樹立孩子的自信心；開展「生活自立能力比賽」等，使孩子樹立正確的競爭意識；有時，在孩子取得成績的時候可出點難題，在他失敗、失意的時候給予鼓勵，教育孩子「得之不喜，失之不憂」，始終以平和自然的心態參與生活和競爭，能夠經得起未來人生道路上的風風雨雨。

第42種好習慣

# 怎樣尊重孩子的隱私？

對隱私權的重視是社會的文明和進步，懂得個人隱私的保護是一個人走向成熟的標誌。父母要尊重孩子的隱私，保護孩子的自尊心。

不止一位父母說：「孩子越大越不聽話，不像從前那樣，有什麼事都和父母講。」還有的父母發現孩子有些事背著自己，有些東西藏起來不讓自己看見，同學之間的書信和他自己的日記總要放到上了鎖的抽屜裡，對孩子的這種行為他們感到不安，怕孩子染上壞毛病。

這樣的父母，習慣了對孩子過於保護和包辦一切的教育方式。他們有的人因發現孩子對自己有所保留，竟千方百計地翻看孩子的書信和日記，然後把其中的一些內容當作孩子「錯誤行為」的證據，拿去指責孩子，傷了孩子的自尊心。

人的心理發展是分階段的，也是有跡可循的。嬰幼兒時期，孩子一切依賴父母，少年時期孩子也許仍把父母當作學習、模仿的第一榜樣。但是，進入青春期後情況發生了變化，隨著成人意識的出現，他們要在更廣的範圍內接觸社會和人生，此時，人的隱私內容發生了變化而且範圍逐漸擴大。

保護個人隱私是適應社會生活的一個方面，保護隱私就是保護自己。當孩子的隱私意識逐漸增强時，父母應當高興才對。

楊楊朝思暮想要向媽媽索取一個屬於自己的抽屜，並且是一個帶鎖的抽屜。這要求是不是過分了點？她問過好幾個同學，雖然他們都有屬於自己的抽屜，但沒有一個抽屜是上鎖的。即使是有鎖，鑰匙也在大人手裡。是啊，小孩子有什麼秘密不能向爸爸媽媽公開的？不過，楊楊還是覺得應當有一點「隱私」，世界這麼大，她只需抽屜那麼大的空間屬於自己都不行嗎？

楊楊的媽媽是醫生，脾氣好極了，聽楊楊紅著臉講完要求，「咯咯」笑開了：「好好，媽媽明天就幫你去配鎖，我們的楊楊是大姑娘啦。」楊楊真沒想到媽媽會答應得這麼爽快，她被這突如其來的快樂衝擊得耳根發燙，心兒亂跳。抽屜，還是那個抽屜，配上鎖的感覺就不大相同了。她可以偷偷藏起喜歡的東西，像貼紙，卡通畫，還有《少女喜愛的散文》而這些都是曾被媽媽指責為「不務正業」的東西。

媽媽履行了自己的諾言，第二天就給楊楊那個抽屜配了一把精緻的小銅鎖。媽媽拿出兩把鑰匙，一把交給楊楊，叮囑她千萬別弄丟了；另一把呢，媽媽當著她的面把它丟進抽水馬桶裡，放水沖走了。媽媽轉過臉對楊楊說：**「這下抽屜就全歸你了，對吧？」**楊楊感動極了，還有什麼比媽媽的信任更重要呢？

期終考試終於在喜悅和煩惱中結束了。楊楊每科都是「優」，放學回家正要向媽媽報喜，誰知面對的卻是媽媽緊蹙的眉頭。**「楊楊，你過來！」**媽媽從五斗櫃抽出了一張友誼卡，盯住她的眼睛問：**「這是哪個男孩子送給你的？」**

真是糟糕透頂，鎖在抽屜裡的友誼卡怎麼會變魔術似的到了媽媽手裡？那是她生日時一個叫「亞男」的女同學送給她的，上面寫著「讓我們的心永相連」。**「楊楊，你長大了，交朋友要慎重，尤其是男同學。」「亞男是女同學！」「女同學！怎麼起個男孩的名字，眞是的……好了好了！」「媽媽沒有調查清楚，不過提醒一下總是沒錯的。」**楊楊覺得奇怪，媽媽怎麼能開我的抽屜？媽媽笑著說，一把鎖有三把鑰匙，楊楊一把，扔掉一把，還藏著一把呢，這麼做也是為了考驗你。楊楊的心一下子涼透了，淚水湧上了眼眶。

但是，尊重孩子的隱私與以保護個人隱私為藉口拒絕父母管教、幫助的行為兩回事。父母與孩子間的關係是與生俱來的，父母在很長一段時間裡都有教育孩子的權利、義務和責任。

我們給父母們的建議是：

- **要有正確的態度**。要知道孩子心中秘密的存在是很正常和普遍的事，沒有什麼值得大驚小怪的。父母應以從容不迫的態度，認真、仔細地對待這些問題。父母不要亂翻孩子的東西，不要看孩子的日記等。不要一有風吹草動，就草木皆兵，如臨大敵。要客觀地分析這些秘密。有的秘密或許只能孩子自己一人知道，就讓這一份秘密埋藏在孩子的心中吧，讓它成為永恆。如果什麼都想知道，其結果可能是什麼都不知道。

- **要注意引導方法**。父母應根據孩子的興趣、愛好及才能，允許自由選擇，不必多加干涉。要努力創造一些條件，發展和發掘孩子的內心世界，減少神秘感，培養獨立意識和創造精神。給孩子適當的引導。孩子有小秘密，父母要引導，告訴孩子哪些是隱私，哪些是需要讓父母知道的。父母應多與孩子談心，這種談心不是父母和子女間遮遮掩掩的交流，而應是熱誠的平等交流，只有這樣才能談出一片新的天地，從而了解到孩子心中的秘密，並根據秘密的性質和作用，盡量幫助孩子減少心中不必要的秘密，以減輕心理上的負擔。

- **和孩子做朋友**。平等和孩子交流，讓孩子袒露心扉。

篇

# 讓孩子有一個樂觀的心態

## 樂觀習慣的培養

## 第43種好習慣

# 怎樣培養孩子樂觀放鬆的習慣？

積極的情緒體驗能夠激發人體的潛能，
使其保持旺盛的體力和精力，
維護心理健康；
消極的情緒體驗只能使人意志消沉，有害身心健康。

樂觀地面對人生，是我們常常掛在嘴邊的一個話題。對於年輕的父母而言，保持樂觀的情緒其理由是顯而易見的。一般而言，對那些能夠滿足自己需要的事物或對象，會自然而然地產生一種滿意、高興、喜悅、愛慕的積極情緒體驗；反之，就會產生痛苦、憂愁、厭惡、恐懼、憎恨的消極情緒體驗。積極的情緒體驗能夠激發人體的潛能，使其保持旺盛的體力和精力，維護心理健康；消極的情緒體驗只能使人意志消沉，有害身心健康。學會保持樂觀、開朗的情緒，對孩子來說是十分重要的，也是非常必要的。

達爾文是世界著名的生物學家，是進化論學說的奠基人。他對子女的教育也給人們留下了難忘的一頁。

達爾文出生於一八〇九年，二十二歲畢業於康橋大學。後來以生物學家的身分乘海軍勘探船貝格爾號作環球旅行，歷時五年。在此期間，他飽覽了各地的大好山河，收集了大量有關動植物和地質方面的資料，為他對生物學的研究奠定了良好的基礎。一八四二年達爾文到倫敦定居，開始了他的巨著《物種起源》的寫作。時間對於這位科學家來說，是非常寶貴的。為了保證他的寫作，他的妻子特意訂定了一條家規，那就是在爸爸工作的時間，誰也不能去打擾爸爸。可是，他卻未因此而忽視對孩子的教育和關心。每逢星期天，他都會非常快樂地陪同孩子們一起玩耍，做遊戲。他們有時漫步在鄉村小路上，邊說邊笑，有時來到倫敦的動物園，去觀賞那裡的珍奇動物。每天晚上，他總是興致勃勃地為孩子們講故事。每當他講起他乘貝格爾號環球航行時的所見所聞時，他總是那樣的興奮。這些海外奇談，使孩子聽得那樣入迷。

達爾文時刻關心孩子們的身體健康，並且注意父母的舉止對孩子的影響。每當他與孩子在一起的時候，他總是那麼樂觀，從不對孩子發脾氣。他說：「**脾氣暴躁是人類較為卑劣的天性之一，人發脾氣就等於在人類的階梯上倒退了一步。**」他的三女兒曾說：「**父親在他一生中，從沒有對任何孩子說過一句生氣的話，而我們也從沒有不服從他的念頭。**」有一次，還未滿足歲的兒子，想找父親玩，他似乎忘記了母親所訂的規矩，在父親的工作時間，敲響了書房的房門，怯生生地張開了小手，掌心上放了六個便士。他想用這種方法來讓父親和他一起出去玩球。正在工作的達爾文，抬頭一看，原來是自己的小兒子。小傢伙對爸爸說：「**走吧！上街去，我給你買糖吃。**」望著孩子天真可愛的神情，他立即放下了手中的工作，毅然陪同孩子到花園一起遊戲。在回來的路上，他邊走邊說：「**這一次我陪你玩，以後在我工作的時候，可不能再來約我了啊。**」小傢伙點了點頭。

培養孩子樂觀放鬆的習慣，就是任何困難情況下都應站在孩子一邊，給予積極的鼓勵和支持，讓孩子以更好的心態戰勝一切。

培養孩子樂觀放鬆的性格，我們給父母們的建議是：

- **父母要做樂觀的人**。父母在培養、教育自己的孩子時，如何以身作則，或者用其他方法來教育、引導自己的孩子能正確對待困難和挫折的心情，做到在任何情況下，都能保持自信，奮發有為，爭取事業和人生最終的成功。孩子的情緒受父母行為的直接影響，與孩子相處時，父母必須樂觀一點。
- **教育孩子學會樂觀地面對人生**。除了多與孩子交流，培養孩子的自信心之外，還有一個很重要的方面，即首先父母要相信自己的孩子，給予鼓勵和支持，更重要的是要幫助孩子進取，克服一些他現在克服不了的困難，只有這樣，才能教會孩子以正確的態度和措施保持樂觀。
- **克服消極心理**。在努力營造樂觀氛圍的同時，父母還應注意自己教導孩子時的

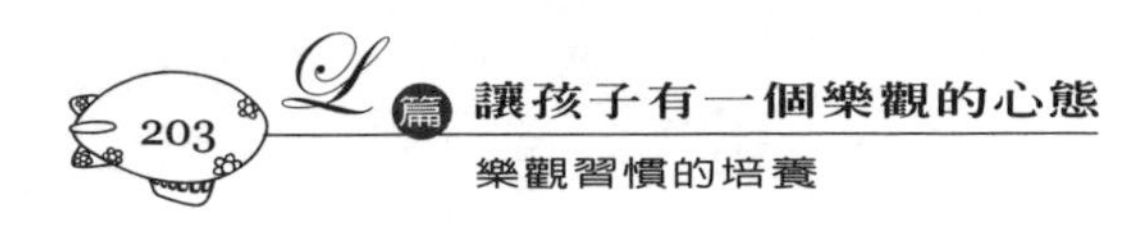


心理，注意一些消極心理現象對孩子的副作用。畢竟，父母是孩子的第一任老師，特別是當孩子在幼年和少年時期，父母的言談舉止對於孩子的成長都有著很大的影響。父母的積極心理現象，可以促使孩子樂觀積極，奮發向上；反之，父母的消極心理現象，也可能會給孩子消極的影響。

# 第44種好習慣

## 怎樣培養孩子活潑開朗的性格？

一個性格活潑開朗的孩子，
總是對自己的能力充滿信心，
容易和周圍的人友好相處，
對新鮮的事物有著強烈的探索欲望。

父母注重培養孩子活潑開朗的性格，有利於孩子健康的成長。由於家中只有一個孩子，公寓的出現又隔絕了人與人之間、家庭之間的交往，父母一般也不放心孩子自己出門玩，孩子們與外界接觸的時間更少了，現在不少孩子變得孤獨、不合群。孩子的天性本應是活潑開朗，對於孤獨的孩子，父母是能幫助他們改變的。

王志純一九七八年十二月出生於一個知識份子家庭，爸爸王啓坤是化工研究所的副所長，媽媽張柳青是一位知名作家，良好的家庭背景和父母活潑開朗的性格使小志純在無憂無慮、快樂活潑的氣氛中度過了歡樂的童年。

孩子出生的第二天，王啓坤就從商店裡買來各種彩色氣球、小搖鈴、一捏能發出聲響的梅花鹿和大公雞等，並把氣球掛在蚊帳上，把小搖鈴、梅花鹿、大公雞等放在孩子的枕頭邊。幾天後他們就讓孩子觀察彩色氣球，訓練她的視力；不時地搖動小搖鈴，捏梅花鹿、大公雞，訓練她的聽力。由於孩子出生時身體十分結實，小眼睛特別靈活，不到二十天她就能把臉轉向發出聲音的地方，還能直盯著蚊帳頂上的彩色氣球看個不停；當把她輕輕抱起來時，她竟能用小手去指氣球了。

當時王啓坤夫婦倆工資收入很低，生活比較清苦，但給孩子買書卻毫不吝嗇，寧可吃鹹菜過上十幾天，也要花幾十元甚至上百元給她買成套的《世界著名童話故事》、《世界著名神話故事》、《世界著名寓言故事》等書籍，還訂了許多畫刊。《孫敬修爺爺講故事》中的那善良、聰明、擬人化的動物以及誠實、勇敢、樂於助人的孩子，成為她成長過程中學習的榜樣；她五歲時開始寫童話，七歲時發表的《小水滴和大鐵錘》，深受小朋友的喜愛。五歲時王志純在爸媽的指導下就開始看「大部頭」《西遊記》、《三國演義》、《水滸傳》、《封神演義》、《中國通史故事》、《世界通史故事》、《凡爾納選集》、《三劍客》、《十萬個為什麼》等，她反覆讀了多遍。正是由於她早期閱讀古典文學才使她能在知識的海洋裡暢遊，取得了令同齡孩子羨慕的成績。

王志純雖然進入了哈佛大學，但她並非是人們想像的那種埋頭苦讀的「書呆子」，實際上她是非常愛玩的，至今仍然如此。集郵、下棋、畫畫、欣賞音樂等等，她的愛好非常廣泛，有時甚至達到著迷的程度。對她的這些愛好，張柳青從來不限制，只是在必要時給予適當調整。

培養孩子活潑開朗的性格，我們給父母們的建議是：

•**創造和睦友愛的家庭氣氛**。父母常向孩子表達自己的愛和關心，可以緩解孩子對人的冷漠；父母多與孩子一起遊戲娛樂，每天多留一點時間給孩子，與孩子交流感情。在和父母一起遊戲娛樂中，孩子能學到一些與人交往的知識和技巧，特別是能體驗到對他人的關心和愛護。這樣，他們在與同伴交往時，會更輕鬆，也增强了與他人交往的信心。

•**鼓勵孩子與同學同伴交往，是改變孩子孤僻性格的重要途徑**。父母要為孩子創造與同年齡的人交往的機會，如帶孩子一起到鄰居家串門子，邀請孩子的朋友來家裡作客，讓孩子在適當的時候去同學家、鄰居家玩等。帶領孩子參加一些其感興趣的活動，讓孩子在與同伴的遊戲、外出遊玩中獲得樂趣，對轉變孩子孤僻，培養活潑開朗的性格是大有好處的。

•**多和孩子交談**。父母應多留心孩子的情緒變化，當孩子悶悶不樂時，無論多忙，也要擠出一點時間和孩子交談，鼓勵孩子表達心境。但父母切勿强迫、勉强，而是讓孩子感覺到：自己不高興，父母也很難過。他們願意幫助自己，從而自覺自願地說出緣由。父母應耐心地傾聽孩子講述，然後「對症下藥」。事實上，很多悲傷一經講出，很快也就消失了。

• **轉移孩子的注意力**。有些孩子很固執，不肯輕易表達或者無法確切地表達自己的心境，這時，父母得想一種方法轉移孩子的注意力。如拿出他平時最喜歡的玩具、圖書，把他的小夥伴請到家中一起玩；或帶孩子去動物園、郊外散步。這些新穎、強烈的刺激無疑會分散孩子的注意，使其在獲得新的樂趣的同時，自然忘掉過去的不愉快。

• **允許孩子自由地表現傷悲**。孩子的個性各不相同，因而悲傷時表達情感的方式也不盡相同，父母應該允許孩子自由表現他的傷悲。孩子在哭泣時，父母千萬不能要求孩子憋住，甚至可以不要去勸阻，因為一個人盡情哭過之後，感情會重新恢復平衡。當孩子痛打「娃娃」或砸玩具時，父母的任務不是去指責，而是設法透過言語或行動引起孩子的情感共鳴。孩子得到父母的暗示，自然會停止「暴力」，如果孩子仍不願與父母交談，希望單獨思考，那麼父母也就不要在一旁嘮嘮叨叨。

M 篇 讓孩子學會審美

# 審美習慣的培養

## 第45種好習慣

# 怎樣培養孩子欣賞自然之美？

大自然的博大、神奇、
變幻和美麗是增長知識、
開闊胸懷、陶冶性情，
並進行環保教育的好機會。

大自然生生不息的永恆魅力，世世代代滋養著人們的勇敢與聰明才智，使人們在大自然充滿神秘的生命創造過程中，汲取高貴而自由的生命意義，使人類從精神到物質走向一種更高的境界。達爾文和他母親的故事會告訴我們這個答案。

達爾文的父親是英國一位有名的醫學博士，母親蘇珊娜是位有見識的女性，她承擔了教育子女的職責。從達爾文一歲時，蘇珊娜就注意對孩子進行啓蒙教育，尤其是常帶達爾文去花園散步。在這裡，小達爾文看母親嫁接果樹和培植花草樹木，同時幫助搬移花盆。母親一點一滴地教他認識和觀察花草，告訴他怎樣根據花蕊來識別花草，怎樣記住各種樹木的名稱。有時，小達爾文還跟著父親去郊外採集花草植物，在

這樣的環境薰陶下，達爾文從小就喜歡大自然，知識領域也不斷地擴大。

蘇珊娜很懂得愛護兒童的好奇心。一次，她給樹苗培土，小達爾文問：「媽媽，你爲什麼要給樹苗培土？」在得到滿意的回答後，他又提出諸如：「泥土爲什麼長不出小雞和小狗呢？」等一連串的問題。蘇珊娜為孩子能提出問題而高興，她對達爾文說：「世界上有很多事情，對於我，對於你爸爸，對於所有的人來說，都還是一個謎，媽媽希望你長大後自己去找答案，做一個有學問有出息的人。」

不幸的是，在達爾文八歲時，病魔奪去了這位偉大母親的生命。但對達爾文來說，蘇珊娜循循善誘的教誨，啓迪了達爾文幼小的心靈，激發了他探求未知世界的欲望，最終成為舉世聞名的科學家，創立了生物進化論，為人類做出了傑出的貢獻。

現在的孩子學習負擔很重，父母認為他們要集中全部精力來學習，覺得到大自然中去活動會耽誤學習，孩子也容易玩瘋了，影響學習。其實並非如此。熱愛自然的人也容易熱愛學習。所謂讀萬卷書，行萬里路。不行萬里路的讀書，是死讀書。

在大自然中跋山涉水，需要意志與勇氣，需要克服許多的困難。一位探險家曾說：當我爬過喜馬拉雅山後，我常常拿出爬山時穿的那雙軍靴來看，每到這時我就覺得自己很厲害，我穿著它爬上了那麼高的山，那麼任何山我都不會再有畏懼。把這樣的想法帶到生活中來，往往就會豪情滿懷，覺得任何困難我都不怕。由此可見，在大自然中可以培養人的勇敢精神。

馬克思的女兒愛琳娜在回憶馬克思的文章中這樣寫道：「星期天是我們全家最高興的日子，他（馬克思）和媽媽常常利用星期天帶我們去動物園和郊遊。郊遊時，他和我們一起捕捉蝴蝶、採集野花、觀察鳥類。在倫敦居住時，星期天全家人一同去普斯泰特遊玩。那裡長滿了花草樹木，使人心曠神怡……」

馬克思的一生充滿了艱辛和坎坷，他對人類的巨大貢獻，完全是在逆境中創造的。他不但熱愛革命事業，而且非常熱愛自己的家庭。他的家庭充滿了革命的生氣，同時更富有人生的無限樂趣。他不管工作多忙，總是把星期天留給孩子，在大多數星期天都是帶孩子去郊遊。正因為如此，愛琳娜在回憶中深情地寫道：「他（馬克思）是女兒們最理想的朋友和最可愛的同伴。」這是一百多年前的故事。那個時候，作為孩子的愛琳娜對郊遊的興致如此之高，在今天的孩子恐怕是不難體會的。與一百多年前相比，現代化給我們生活在都市的孩子帶來許許多多的享受，有越來越大的彩色電視，有不斷進步的玩具，有包裝越來越漂亮的食品……然而，現代化又剝奪了都市孩子們應該享受的許多東西。

培養孩子學會欣賞自然之美，我們給父母們的建議是：

• **讓孩子感受大自然**。父母可以把孩子帶到大自然中，去感受大自然的博大、神奇、變幻和美麗，是增長知識、開闊胸懷、陶冶性情，並進行環保教育的好機會。父母每週都要盡可能帶孩子到附近的自然景區散步，在漫步中讓孩子領略天上地下的自然風光；假日裡，可以帶孩子去公園欣賞千姿百態的花草樹木，玲瓏的假山，崎嶇的小河所表現出的和諧、優美的旋律；到動物園觀賞那純潔高雅的天鵝、穩重敦厚的大象、雍容華貴的孔雀以及勇猛威武的虎獅所表現出的動物之美；寒暑假可以帶孩子到一些著名的風景名勝區作較長時間的旅行。事先做好充分準備，沿途向孩子介紹景點的地名、風土人情、各種自然物的美感因素，指導孩子觀察與捕捉自然美。欣賞大自然，與欣賞美術作品是不一樣的。因為自然景色中的各種視覺要素是相互融合的，而且隨著人的位置的不同在不斷地變化，所以，如果沒有一定的知識和理解能力，就不容易感受出來。加上孩子在大自然中極度興奮，常常是活蹦亂跳，而顧不上欣賞大自然，所以往往一趟遊覽回來，孩子依然是一無所獲。

• **適當指點孩子如何觀賞自然**。當父母帶孩子外出觀賞自然風光時，一定要加以指點，用語言來指導孩子如何去觀看和欣賞，讓他們充分體會自然景色的美。必要時，可以一邊與孩子觀景，一邊拍一些照片，照片可以加深孩子觀賞以後的感受。此外，突兀的山峰、瞬息變化的雲朵，是讓孩子展開想像的源頭，而湍急的山泉、動聽的鳥鳴，又是訓練孩子聽覺的好材料。總之，大自然是一本永遠讀不厭的教科書。

• **要有目的的欣賞自然之美**。透過欣賞大自然，更重要的是培養孩子熱愛自然、珍惜環境的意識，培養他們熱愛動物、保護花草樹木的情感，使孩子懂得保護生態環境的重要性，這才是欣賞大自然的真正目的。根據不同的地理位置、不同的季節、不同的時間來感受大自然的不同風貌。春天綠芽長出來了，給人滿目生機；夏天樹木長滿樹葉，給人帶來片片蔭涼；秋天風高氣爽，讓人感到陣陣快意；冬天到處是銀裝素裹，使人體驗白色世界的純潔。這是四季不同的景色，在這裡春的生機、夏的炎熱、秋的涼爽，冬的淡雅，只要稍加觀察就不難發現他們的不同之處。這是父母指導孩子欣賞大自然時必須掌握的。

• **鼓勵孩子寫生、拍攝自然風景照片**。到自然景觀裡繪畫、攝影，既是藝術活動，又是提高欣賞自然美的必要手段。

第46種好習慣

# 怎樣培養孩子欣賞文學之美？

文學作品用生動精粹的語言，
形象化地反映自然、社會和人們的心態，
創造典型的人物和事件。
孩子閱讀這些作品則可以獲得豐富的知識，
受到美的薰陶，提高自己的思想境界。

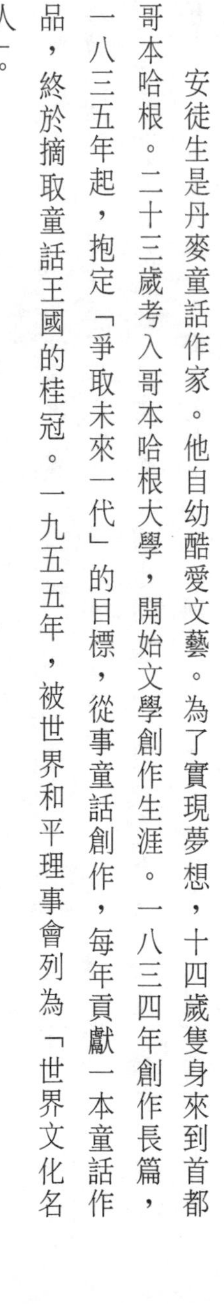

安徒生是丹麥童話作家。他自幼酷愛文藝。為了實現夢想，十四歲隻身來到首都哥本哈根。二十三歲考入哥本哈根大學，開始文學創作生涯。一八三四年創作長篇一八三五年起，抱定「爭取未來一代」的目標，從事童話創作，每年貢獻一本童話作品，終於摘取童話王國的桂冠。一九五五年，被世界和平理事會列為「世界文化名人」。

安徒生的父親從小愛讀書，他渴望入當地一所小學學拉丁文。有一次幾個有錢人談起此事，很慷慨地許諾共同出錢為他支付伙食費和學費，給他提供一個開創事業的機會，但那些話從來沒有兌現。可憐的父親永遠忘不了這件事。有一次，那所小學的一個學生來到鞋匠家做一雙新靴子，在量尺寸時把他的書給鞋匠父子看，並告訴他們自己學些什麼。就在此時，安徒生注意到父親眼裡噙滿了淚水。

那個學生走了以後，鞋匠心神不寧地久久在屋子裡來回踱步。有好幾次，他拿起該做的活兒，但隨即生氣地把它扔回工作臺上。

「漢斯．克里斯蒂安，你聽著」，他走到兒子跟前說：「你長大以後，要有毅力，有志氣，窮不可怕，要排除萬難，直奔一個目標：念書！既然我自己沒有這個機會，你就在這條路上向前奔吧。」「人念了書又有什麼用呢？」兒子興致勃勃地問。「人念了書就可以過好日子！」父親滿懷信心地答道：「你想想，有學問的人能賺多少錢！有了錢，可以隨你買好多好多有趣的書，每天晚上去看戲，然後到遠方旅行，周遊列國。」「好了，別給孩子滿腦子灌上這些沒用的東西了！」母親走過來干涉，「就好像沒學問就過不成好日子似的！學會一門手藝，有吃有穿，走遍天下都不怕，還想怎麼著？」「你說的都是實情，瑪麗亞，」鞋匠若有所思地提出了不同的見解，「但是，僅僅滿足於吃飽穿暖的人是不多的，人的心靈也還有自己的要求啊。」說完，他聳聳雙肩，默默地抓起了錘子。

鞋匠成天坐在小凳上工作，身邊堆放著各種材料和工具。一有空閒，他就拿起心愛的作品讀了起來。他的工作臺上面掛著個小書架，上面有《阿拉伯故事集》，有丹麥詩人、喜劇作家荷爾堡的劇本以及譯成丹麥文的莎士比亞劇本。另外還有歌本。從小安徒生懂事起，父親就讀作品給他聽，也只有在這樣的時刻，才看出鞋匠感到真正高興。有時候孩子在外面玩，受了欺侮，他就推開手邊的工作，對兒子說：「**好，我來講個故事吧。**」於是，遙遠地方的國王啦，大沙漠裡的探寶人啦，奇異的名勝風光啦，一個接著一個，講得娓娓動聽，慢慢在孩子的頭腦裡形成了一幅幅瑰麗的圖畫。小安徒生手托下巴，睜大眼睛，靜靜地聽著，顯得那麼入迷。

更叫孩子高興的，是父親興致來了的時候，便把他帶到野外的樹林裡去。那兒遍地長著雪白的白頭翁，蝴蝶跳舞，蜜蜂唱歌，小安徒生叫著笑著，十分快活。父親看見長腿的鶴鳥，就打開了話匣子，說鶴鳥是從老遠的埃及來的，那兒有高大的金字塔，有炎熱的太陽。

「**幹嘛到埃及那麼遠的地方去過冬呢？就在咱們這兒過好了。我給它們做窩，給它們弄吃的，就在咱們家的頂樓上面！**」聽了兒子認真而又稚氣的話，鞋匠笑了：「**那你要學會講埃及話，不然怎麼邀請它們來呢？**」

由於受父親的影響，安徒生從小幻想聯翩，對演戲、唱歌入迷。父親去世後，他立志當演員。帶著少年的七彩幻想，十四歲的安徒生隻身闖蕩京城哥本哈根，開始投入文藝女神的懷抱。

如何幫助孩子欣賞文學之美，我們給父母們的建議是：

**• 滿足孩子閱讀的需要，幫助他選擇好的文學作品。**兒童少年對文學作品的需要是十分强烈的，但由於年齡小，往往拿到什麼就看什麼，這樣就不一定能產生應有的作用，甚至有可能讀壞書，誤入歧途。父母應幫助子女選擇通俗易懂，體裁活潑，思想健康的書刊。

**• 父母可以教孩子讀詩詞或童話，體會意境。**任何文學作品，無論大小，都應該是一個完整的世界，一個充滿活力和生機的世界。有的可能涉及面非常廣，涉及的內容比較複雜，而孩子的知識畢竟有限，從一個側面可能難於理解。如果幫助孩子換一個角度，和他已經有的知識發生聯繫，一下子溝通了他的情感，頓時覺得作品閃耀出美麗的光輝。

**• 鼓勵子女朗誦和背誦作品，使其能夠領悟到作品的美。**多數文學作品，單純靠「看」是無法體會到其中的美妙的。父母要鼓勵子女有聲有色地朗讀作品。

**• 父母還能讓孩子從一些報紙雜誌上提高文學修養。**對於小學高年級的孩子，父母可以讓他讀寓言、兒童小說、兒童報告文學、科學幻想小說、探險、冒險故事等。

## 第47種好習慣

# 怎樣培養孩子欣賞美術之美？

圖畫比文字更能吸引孩子的視線，
孩子識字也大多是從看圖開始的。

孩子欣賞美術作品時，更喜歡色彩鮮艷、對比强烈、明快的色調。讓孩子在生活中看美好的東西，再讓他在畫面中看生活裡的東西，這樣，他的感受會更强烈。

美術可以說是運用一定的物質材料（繪畫用的布、絹、紙、顏料和雕塑用的木、石、銅、泥等）透過線條、形狀等方式在平面上或立體中反映現實，表達人的感受和追求的一種造型藝術或空間藝術。欣賞美術作品，可以使孩子從作品的形象和色調上感受美，體驗到愉快或其他健康的情感，激發其對生活的熱愛。

李丁隴是現代著名畫家。他小時候開始對寫字作畫產生濃厚興趣。他父親在一家寺廟工作，李丁隴自覺為父分憂，每天負責打掃寺中清潔衛生。在打掃過程中，他看到牆上許多大幅的壁畫，不是莊嚴的釋迦牟尼，就是慈祥的觀音菩薩，還有飛騰的駿馬和張牙舞爪的青龍。而這些曾讓他心動神移、流連忘返。所以，一有空他就站在這些壁畫前仔細觀察品味，有時一看就是一兩個小時。神秘的吸引、潛移默化的薰陶，使他萌生了畫畫的念頭。但由於家境窮，買不起紙和筆，他就常把掃帚當筆，在地上練字作畫。時時練、天天練，有時練得入了迷，以致廢寢忘食。見兒子如此著迷於畫畫，李潤芝善意地對兒子說：「**我們是莊稼人，種田是我們的本分，寫字作畫是有錢人的事，你不要癩蛤蟆想吃天鵝肉——癡心妄想。**」

李丁隴卻倔强地說：「**爸爸，您叫我種地也好，割草也好，我樣樣都依您。不過要我不寫字，不作畫，我卻不能依你。**」看到兒子態度這麼堅決，李潤芝從此對兒子不再橫加干涉，而是放任自流、任其發展。

李潤芝因家貧，買不起耕牛，就和兒子一起以人代牛，用人力來拉犁拖耙。李潤芝年事已高，身體狀況欠佳，這樣連累帶病，終於撒手西去。父親一死，母親帶著兒子離開了大東寺。為了發洩憤怒，李丁隴離開時，在壁上寫了一副對聯和一首詩。對聯曰：「**春天夯凍土，夏天勤耕耘，秋日忙收穫，冬日盡交租**」；「**南窗一爐灶，北牆幾張席，東寺來逼租，我父命歸西**」。

母親帶著兒子離開大東寺後，流浪到新蔡縣城謀生。他們找到一間非常小的草房，夏天熱得難耐，冬天奇冷，遇到下雨，屋裡就淅淅瀝瀝地滴個不停。可是張氏卻很知足，她對兒子說：「**兒啊，我們總算有一個自己的家了。**」

張氏作為一個普通的農村婦女，只能靠出賣自己的勞力，替人縫縫補補、洗洗衣服來艱難地維生。貧困的生活、慘澹的家境，使得她無能也無力來關心兒子的教育、發展。為了生活，小丁隴挎著一個竹籃，沿街叫賣粽子糖。粽子糖，大人買的少，小孩買的多，於是，他就到縣裡一個私塾門前叫賣。

在私塾門前，他一邊賣糖，一邊偷偷地在窗外聽老師講課。有一天，塾師走出門來，吆喝他走開。他捨不得走開，就苦苦哀求：「**好老師，讓我聽聽吧！**」

老師見他那麼可憐，頓生憐憫之心，就輕聲問：「**你叫什麼名字？為什麼不上學？**」他回答說：「**我叫李丁隴，家境窮，沒錢上學。**」說著，他把老師剛才所講的課文，一字不漏地背了出來。老師聽了大為驚訝，心想：這不是一個絕頂聰明的神童？從此，老師讓他免費入塾讀書。由於他每天還要賣糖，一天只能上兩個小時的課。但由於他聽課聽得很認真，專心致志，一年下來，竟然考了第一名，老師對他更是寵愛有加。一次，新蔡縣代縣長為其父做壽，邀約當地名士前往赴宴。老師萬里見也在被邀之列。去時，他特意帶著李丁隴，在衙門大廳裡，華蓋雲集，盛極一時。萬里見作為一方名士，能詩善畫，寫得一手好字，曾臨摹王羲之的家帖達數十年。於是，大家一致公推他在一幅紅緞的中堂上寫個「壽」字。

眾意難違，萬里見於是當仁不讓，磨墨揮毫，準備讓大家開眼。但他畢竟年過七

十，手指發抖，一不小心，在紅緞上滴了幾滴墨跡。見此，衆皆嘩然，縣長見了，雙眉緊鎖，悶悶不樂。萬里見也是目瞪口呆，手足無措。正在這關鍵時刻，李丁隴以初生牛犢不怕虎的豪氣，毛遂自薦，救師於危難。他低聲說：「讓我試試吧！」說完，他走到桌前，不慌不忙地提起大筆，寫了一個草體「壽」字，把原有的墨跡全都遮蓋了，真可謂天衣無縫。大廳裡，頓時爆出一陣陣熱烈的掌聲。至此，一塊石頭落地，大家都鬆了一口氣，縣長更是笑逐顏開，連聲讚道：「這眞是王勃再世！」

父母應從以下幾方面指導孩子欣賞美術之美：

- **讓孩子廣泛地接觸美術作品，使其能夠感受到多種美術作品的美。**在藝術的殿堂裡，美術閃耀著它獨特的光彩，可以說人類文化歷史的產生是以美術為標誌的，數千年來，人類已積聚了數以千萬計的美術珍品，美術的種類也不斷創新。粗略地劃分，現在的美術就可以分為繪畫、雕塑、工藝美術、建築美術四大類。各類下面可以進一步劃分，以繪畫為例，從使用的工具不同來說，有中國畫、油畫、版畫、水彩畫、水粉畫等畫種；從表現形式的不同可分為連環畫、組畫、年畫、壁畫、插畫、漫畫等；從表現題材內容上亦可分為人物畫、肖像畫、風景畫、山水畫、花鳥畫、靜物畫等。各類美術作品用料、技法不同，表現的形式也就各有特色。父母要使孩子盡可能地多接觸此類美術作品，以便透過不同的美術形式感受美、欣賞美。

- **父母可以帶孩子去看兒童畫展，或者讓孩子欣賞世界名畫，提高他們的審美眼**

**光和品味**。生活中的東西是更美的畫卷。圖畫可以吸引孩子的視線。孩子識字大多是看圖識字。兒童看美術作品時，他更喜歡色彩鮮艷、對比強烈、明快的色調，喜歡充滿想像、童趣的畫面。

• **進行具體形象的比喻和描述**。父母帶孩子到花園裡聆聽小鳥的歌聲，樹蔭的風聲，踏著地面落葉所發出的沙沙聲，父母提醒他：「**你聽聽！**」問問孩子：「**你看到了什麼？**」「是什麼樣的？像什麼？」「是什麼顏色的？喜歡什麼？」「有什麼變化？爲什麼？」「你有什麼感覺？」等等。要求兒童對感受到的對象的細節特徵進行具體形象的比喻和描述，也可以用繪畫或動作來表現他的直接感受。

# 第48種好習慣 怎樣培養孩子欣賞生活之美？

美是和諧，是真與善的統一。
愛美是一種天性，
是人所特有的精神嚮往。

作家蘇杭是這樣教育孩子欣賞生活之美的：

我的女兒很愛美。看到一些小朋友服裝艷麗，就不免流露出幾分羨慕。有一次，她看到圓圓塗了紅指甲，悄悄問我：「圓圓塗紅指甲好看不好看？」我抓住機會告訴她，什麼是美？怎樣欣賞美？

我沒有限制孩子在穿戴方面的選擇，也從不硬性規定哪些可穿或哪些不可穿，我之所以這樣做也是防止她產生叛逆心理，認為媽媽沒有能力打扮她就限制她追求美。我想，不能因為我的不幸，就剝奪了女兒愛美的權利。

一次，我花了十元買了五公斤毛線頭，那是毛衣廠的碎料。我把五顏六色的線頭一截截接好，給孩子織了十來件衣、裙、褲、背心，利用顏色俱全的特點，精心設計出富有兒童情趣的款式和圖案。比如，有件毛衣構圖新穎奇特，下擺織成紅色並加白色線的「磚牆」，胸前露出半張頑皮三毛的臉，左右兩隻胖乎乎小手正扒著牆頭，在尋找著什麼，哦，原來是袖子上的一隻小烏龜！小烏龜是先用綠色線頭纏好，縫上去的，活動的頭和尾別有一番情趣。女兒穿上這件衣服，平添了幾分聰穎、活潑。小朋友圍著她，摸摸小烏龜，揪揪三毛的頭髮，羨慕極了。好多阿姨都借這件毛衣當樣本。

我那時因病坐不住，躺著織得很艱難，致使胳膊肘流血結痂，孩子在她的詩作《母愛》中也擷取了這個鏡頭：

「兩肘，／磨破後結出層層鐵皮。／誰能相信，／十二件精美的毛衣，／是躺著的媽媽，／用碎毛線頭，／艱難地編織，／人們都欣賞它的奇妙設計，／可是我卻懂得了，／豪華的，／不一定珍貴美麗。」

我以母親深摯的愛，像春風化雨般地潤澤著女兒的健康的審美情趣。

我問女兒：「你還要貝貝的粉緞子棉襖和項鍊、戒指嗎？」她趕快說：「不要不要，像個小大人，多俗氣！那不是真正的美麗！」

過年了，女兒不讓我花錢為她買新衣，建議利用家裡的剩條絨布拼成灰綠色罩衣，由女兒自己設計選擇補花圖案，她選擇了一個卡通小姑娘。於是，我們找出各色花布，女兒負責剪紙樣，全家三口人剪剪貼貼，拼拼補補，一起縫製，整整做了兩天一夜，大年初一才完工。我們把它掛在衣架上欣賞，那奇特的效果，簡直令人心醉！美得我們全家緊緊地擁抱在一起。這件衣服在女兒身上有了轟動效應，路人多行注目禮，女兒幾次到電視臺錄影都穿著它，從六歲一直穿到小學三年級仍捨不得丟棄。女兒在一篇作文中說：**「即使我住進了宮殿，享遍富貴榮華，不管走到哪裡，永遠不會丟棄它。」**

這麼多年，女兒在衣飾和學習用品等物質享受上從不與人攀比，她不是有意無意地壓抑自己，而是具有了審美的自信心！

蘇杭用她的方式去幫助孩子審美。有些家長用名牌、進口貨等方式來建立孩子的審美自信心，有些家長則用艱苦樸素的觀點來壓抑孩子對美的渴求。蘇杭，她讓孩子明白什麼是富於個性的協調美，並讓孩子用自己的心和手去創造美。美，在每個熱愛生活的人的心靈裡。

父母要做富有生活情趣的人，要有一定的審美能力，孩子才能受到積極的影響。生活中的事情，都能讓孩子潛移默化；父母也可以試著用兒童的視角去看待生活中的美麗和可愛。

培養孩子美感的方法和途徑是多種多樣的，每位父母都可以摸索一套適合自己孩子的方法和途徑。我們給父母的建議是：

．**教會孩子去發現美**。美是無處不在的，但並非人人都能發現和欣賞它們，只有會發現美的人對美才會有更多體驗，生活中才會有更多的欣喜。小學生的理解力和觀察力是有限的。所以，在任何有美好事物的地方，父母都應及時指出，引起孩子的注意。如讓孩子看看：天上雲彩的變化美嗎？那兩個在樹蔭下認真讀書的孩子美嗎？跳高運動員凌空的動作美嗎……在這種長期的指點下，孩子對美的感覺也會更靈敏。他們逐漸知道：原來不只是盛開的鮮花美，襯托它們的綠葉也很美；不只是電視裡的英雄人物美，生活中的許多平常人也是美的；不只藝術是美的，運動也是美的。

．**創造優美的家庭環境**。家庭環境不僅包括物質環境，還包括精神環境。帶領孩子打掃環境，進行居家布置，使孩子在美化環境的同時也美化了自己。有條件的家庭還可以用書畫、花草妝點家庭，給孩子一個清新美麗的生活環境。但是，要有一個美的家庭環境最重要的是家庭和睦，父母的儀表和言行美。這就需要父母本身有一定的審美情趣和修養。

．**豐富家庭娛樂**。健康愉快的活動可以陶冶孩子的情操，並使孩子在娛樂中受到藝術感染。有人認為電視的發明給人們生活帶來的最大的不利，是占用全家人一起交流和娛樂的時間。的確，如果父母和孩子多在一起進行有益活動，如閱讀、體育運動、欣賞音樂等，不僅可以使孩子領略到各種藝術美，也可以增進一家人的感情。對於這一代中人數眾多的獨生子女，沒有兄弟姐妹一起玩，城市的小學生在放學後也較少與同伴交往，所以家庭娛樂活動就顯得尤為重要。對於低年級的孩子，遊戲和玩具還是他們生活中的一部分，父母不能忽略這一點，不能認為上學的主要任務是學習，孩子就不需要遊戲了，而對於高年級的孩子，就應逐步培養其藝術才能了。

• **從小培養孩子正確的愛美觀**。告訴他們美不僅表現在外表上，更重要的是心靈美。要教給他們什麼是美，如何體現美。打扮時髦，講究名牌不是美，隨地吐痰不講公德也不是美，打扮樸素、整潔、大方、精神飽滿、自自然然才是最美。對孩子要穿名牌，與同學攀比，打扮成人化的要求，父母要耐心地跟他們講清楚，這不是真正的美。

• **塑造美的心靈**。父母不僅要引導孩子對外表美的認識，還要抓住孩子愛美、要美的心理，塑造孩子美的心靈，告訴他們講文明、懂禮貌是美的；尊老愛幼、扶困濟貧是美的；愛護樹木，關注環保是美的……力求使自己的孩子做到儀表美、心靈美、語言美、行為美。要想讓孩子知道什麼是美，就要提高孩子對美的感受力。審美感知並不是天生就有的，而是在審美活動中發展起來的。經常帶孩子投身大自然去尋找美，多參加社會藝術活動去感受美，體驗美。

# 第49種好習慣
## 怎樣培養孩子欣賞音樂之美？

音樂能促進智力的發展，
提高孩子對情感的感受和體驗能力，
陶冶孩子的情操，提高孩子的文化修養，
並能促進大腦左右兩半的協調發展，
促進思維能力的提高。

音樂能激發孩子性格中的積極因素，改變和克服性格中的消極因素，如激昂的音樂能使孩子克服懦弱膽怯，變得勇敢起來，優美的音樂能使暴躁的孩子變得文靜起來等。

孩子的音樂活動包括唱歌、音樂欣賞、演奏樂器、音樂遊戲等。傅雷，是著名的文學翻譯家，終身致力於法國文學的翻譯。他有兩個兒子。長子傅聰十九歲時參加第四屆世界青年與學生和平友誼聯歡節國際藝術比賽，獲鋼琴三等獎；二十一歲時，又參加第五屆蕭邦國際鋼琴比賽，獲三等獎。傅聰對蕭邦靈魂的深刻感受、對蕭邦作品的精湛演奏，震驚了中外樂壇。傅聰成名後，當人們問及他藝術成長的道路時，他總是把父親稱作他學音樂的第一位老師。那麼傅雷是怎樣指引孩子在人生和音樂的海洋中劈波斬浪奮勇前進的呢？

傅雷家中常常高朋滿座，他們聚在一起談文學藝術，論人生哲理。起先，傅雷不允許傅聰和他的弟弟傅敏在場，更容不得他們插嘴。而小孩子呢，天性好奇，總想擠在大人中間表現自己。大人越是不讓小孩聽，小孩就越是想來聽。有一次，畫家劉海粟到傅家作客，與傅雷在書房內鑒賞藏畫，兩人之間免不了一番高談闊論。說話間，傅雷忽然要去外面拿東西，打開門竟見傅聰帶著傅敏正偷聽得入神。傅聰為此被父親狠狠地訓斥了一頓。

這件事發生以後，傅雷的心情久久不能平靜。他反思訓斥孩子究竟有沒有道理，同時分析拒絕與接納孩子參與大人談話的利弊得失。考慮再三，他決定讓小孩聽大人論事，因為這樣可以讓孩子早涉入世，促使孩子早慧。於是，等孩子們稍稍長大一些，傅雷就允許傅聰和傅敏從「偷聽生」轉為正式「旁聽生」。

還在傅聰很小的時候，傅雷就發現了他的音樂天賦。當然這是經過了一番曲折，而不是「一錘定音」。

傅雷對教育子女有獨到的見解。他認為每一個人都有自己的天賦，不能逆天賦而行。起先，傅雷曾讓傅聰學習美術，因為傅雷覺得自己精通美術理論，又有許多朋友是中國畫壇巨匠，如果傅聰能拜他們為師，博採百家之長，定會在繪畫上大有作為。

誰知傅聰不是繪畫的「料」，他在學畫時心不在焉，那些習作幾乎都是鬼畫符，亂筆塗鴉，絲毫沒有顯露出預期的那種美術天賦。而與此同時，傅聰的一些細微愛好則引起了傅雷的注意。他發現兒子鍾情於家裡的那架手搖（發條動力）留聲機，每當留聲機在放音樂唱片時，兒子總是一動不動地依靠在它旁邊靜靜地聽，而每當此時，小男孩固有的調皮好動的天性即一掃而光。於是傅雷果斷地讓傅聰放棄學畫而改學鋼琴，此時傅聰已七歲半了。但傅聰的每一個細胞好像都是為音樂而存在的，他學琴僅幾個月，就能背對鋼琴聽出每個琴鍵的絕對音高。在啓蒙老師雷垣教授肯定傅聰「有一對音樂的耳朵」後，傅雷最終認定，自己確實發現了傅聰的音樂天賦。

一九五四年八月，國家派遣傅聰到波蘭學習鋼琴，導師是「蕭邦權威」傑維茨基教授。次年二月，傅聰經過一個月的緊張角逐，摘取了第三屆國際蕭邦鋼琴比賽的「瑪祖卡」獎，被新聞傳媒稱為「波蘭的傅聰」。

比賽結束，傅聰繼續留在波蘭學習。當時他對在波蘭學習鋼琴的環境十分滿意。他在給父母的信中這樣寫道：傑維茨基教授「在對每個作家的每個時期的作品的理解，在世界上是權威的」；「年輕的最好的波蘭鋼琴家差不多都出於他的門下。經他一說，好像每一個作品都有無窮盡的內容似的。」「我所有的毛病都未能逃過他的耳朵。」

然而青年人的思想有如六月的天，說變就變。不久，傅聰產生了轉學到蘇聯的想法，並得到了我國有關方面的同意。他這時還想乘轉學之際，順便回上海與闊別的父母見上一面。傅雷聽說傅聰意欲轉學的消息後，十分惱火，他覺得這是關係到兒子今後人生道路的大事。他立即給傅聰寫了一封長信：「我認爲回國一行，連同演奏，至少要花兩個月；而你還要等波蘭的零星音樂會結束以後方能動身。這樣，前前後後要費時三個多月。這在你學習上是極大的浪費。」「我們做父母的，在感情上極希望見你，聽到你這樣成功的演奏，但是爲了你的學業，我們寧可犧牲這樣的福氣。」傅雷勸兒子在「改弦易轍」時，一定要經過理智「天平」的權衡。他親自幫他作了分析：蘇聯的教授法是否一定比波蘭的傑維茨基高明；假如過去的六個月是在蘇聯學習，是否成績會更好；第五屆國際蕭邦鋼琴比賽為什麼波蘭得了第一名，而蘇聯只得第十一名等等。信寄出十八天，傅雷再次給兒子寫信：「我並非不贊成你去蘇聯，只是覺得你在波蘭還可以多待二、三年。」時隔二十天，傅雷又致信傅聰：「轉蘇學習，目前的確很不相宜。」兩年過去了，傅雷堅持自己對兒子轉學所持的反對態度，他在信中說：「假如改往蘇聯學習，一般文化界的空氣也許要健全些，對你有好處；但也有一些教條主義味兒，你不一定吃得消，日子長了你也要叫苦。」「親愛的孩子聽我的話吧。」

傅聰終於聽了父親的教誨，克制了轉學的衝動，繼續留在波蘭專心於鋼琴的學習。一顆耀眼的音樂之星在父親的教導下，在世界樂壇上冉冉升起來。

總之，小孩子應有音樂的環境。今天，許多父母都非常重視對孩子進行音樂教育，認識到音樂在陶冶情操、開啓智力、促進孩子全面發展等方面的作用。

我們給父母們的建議是：

• **為孩子創設一個良好的音樂環境**。在日常生活中，讓音樂伴隨著孩子的活動。如起床時，播放一些活潑、有力的樂曲；吃飯時，播放一些優美、舒緩的樂曲；臨睡前，播放一些輕鬆、安靜的樂曲。在遊戲時，可以讓孩子跟隨音樂的節拍有節奏地做動作（律動），如打拍子、踏步、跳舞等，這可以訓練孩子的節奏感和對音樂的感受能力。給孩子講故事時，也可選擇和諧的樂曲作伴奏，增强情感的渲染。

• **欣賞優美的樂曲**。給孩子播放樂曲時，首先可選用一些優秀的兒童音樂作品，如兒童聲樂、動畫片中的音樂等，此外，可選用古典音樂作品，如莫札特的《小夜曲》、貝多芬的《致愛麗絲》和《月光奏鳴曲》、舒曼的《童年情景》、德布西的《兒童樂園》等。

• **進行音樂教育**。有條件的家庭可以讓孩子學一件樂器，如鋼琴、小提琴、二胡等，或進行一些舞蹈、唱歌方面的指導，這是一種有目的、有計劃的音樂教育，對於孩子接受藝術薰陶是很有意義的。當然，在這之前首先要培養孩子這方面的興趣，如果不顧及孩子本人的興趣，强制他們去學，就違背了音樂教育的初衷。

• **為孩子選擇好的音樂作品，使他們能夠多聽**。欣賞音樂的首要步驟是多聽好音樂。父母要為孩子選擇思想內容健康、形式活潑、優美明快的音樂作品。如《藍色多瑙河》、《天鵝湖》、貝多芬的《英雄交響曲》等著名的音樂作品，都有鮮明的藝術特色，對兒童少年具有感染作用，父母要指導子女多聽。

• **讓孩子學點音樂知識，使其更能感受音樂作品**。在各種藝術形式中，音樂似乎最抽象，只能靠聽覺感受和想像，要真正懂得音樂並非易事。為此，父母要注意給孩子介紹一些音樂常識。首先是理解音樂的特性。音樂是作曲家根據音樂的基本規律用樂音所創造的曲子。樂音中最主要的是旋律，它是按照音的高低、長短和强弱關係組成的音的線條，是塑造音樂的重要元素，是一首樂曲的靈魂。

• **幫助孩子了解音樂內容和形式的關係，使其在審美與道德方面都有所提高**。音樂內容是指人對於特定事物在音樂上的感情反映；音樂形式則是體現這種情感反應的音響手段。音樂形式像建築物的外觀一樣容易引起聽者的興趣，而其內容則往往不被重視。父母要幫助孩子認識音樂內容，使其能充分地從中感受美和陶冶情操。認識作品內容的基本方法是讓孩子不斷加强文學、歷史修養，了解每首作品的作者生平、創作背景、反映對象、取材來源等。

# N篇 讓孩子學會理財

## 理財習慣的培養

第50種好習慣

# 怎樣培養孩子理智消費？

只要孩子在社會上獨立生存，
就必然要與錢打交道，
所以當孩子手裡有了錢，
父母就應該指導孩子如何使用這些錢，
教孩子學會用錢，理智消費。

要訓練孩子有計劃地使用錢，最好是對花錢有個預算。如果父母每個月或者每個星期給孩子一次錢，那麼孩子打算怎麼花錢，父母可以指導孩子訂個小的計劃。比如多少錢用於買學習用品，多少錢用於買自己喜歡的日用品，多少錢用於買零食……這樣可以防止孩子亂花錢，還可以培養孩子把錢用在刀刃上的良好習慣。當孩子超出計劃的時候，父母最好和孩子商量，將那些可花可不花的項目劃掉。當週末或者月末的時候，讓孩子把已經花了的錢按照計劃的項目對照一下，省下來的錢由孩子自己來支配。

美國教育專家針對不同年齡的兒童提出了他們應了解的消費常識：一～三歲能辨別不同硬幣和紙幣的價值；四歲能懂得不能見什麼買什麼；五歲知道錢是怎麼來的；六歲能區分不同面值的錢；七歲能學會看簡單的價目表；八歲能知道把錢存到儲蓄帳戶裡；九歲能自己安排簡單的一週開銷計劃；十歲懂得節約的意義；十一歲知道從電視中了解有關的廣告；十二歲懂得正確使用銀行業務中的常用術語等等。專家為美國孩子擬定的「標準」，對我們的父母是否也有一定的啓迪呢？

甘乃迪總統是世界上最年輕有為的總統，其成功離不開家庭的教育，其突出的特點便是從小就沒收到過多少零用錢。他的父親約瑟夫，是美國最大的五位企業家之一，他先後擔任過美國證券交易委員會主席和駐英大使。他的一生為培養子女做出了巨大努力，並取得了驚人的成功。

約瑟夫有三個兒子：長子叫喬治，二子叫約翰，小兒子叫羅伯特。約瑟夫是美國最富有的人之一，為了防止孩子出現意外事故，他給每個孩子存了一千萬美元的委託金。他雖然家裡富有，但從不因此而讓孩子隨意花錢。他對孩子從小就注意進行節儉教育，嚴格控制他們的零用錢。他決定根據孩子們的年齡大小，每月只給孩子很少的零用錢。甘乃迪做了總統後，報紙上公布他在十歲時，向父親遞交的一張申請書，請求父親將他每月的零用錢由四角提高到六角，但他的父親約瑟夫沒有同意這一請求。

如何為孩子們提供一個良好的家庭環境，這是約瑟夫在教育孩子時所注意的一個問題。他讓家中的家具盡可能的舒適，適合孩子，但不能華貴豪奢；每天給孩子們吃的食物，要求清淡；房子保持整潔，但從不限制孩子們喜歡的動物跑進跑出，也不限制孩子們從外面玩耍回來帶進沙土，也不禁止孩子們亂扔衣服，在他家的桌下、廳堂過道上到處都可以看到孩子們亂放的運動鞋。

在約瑟夫的親切耐心教育下，他的孩子們最終都成為傑出的人才。甘乃迪當了美國的總統，大兒子喬治曾被公認為是甘乃迪家族中最有希望成為總統的一個。小兒子羅伯特曾任美國司法部最高司法官及紐約市議員，也表現出卓越的才能。

可見，對孩子的關愛並不等於讓孩子隨便花錢，因為那會讓孩子忘記金錢的得來是需要努力的。甘乃迪可以向父親提出增加零用錢的請求，從另一方面告訴我們：不是不可以談錢，關鍵在於以一種什麼方式，什麼用途來談錢，怎樣理智地消費。

我們給父母們的建議是：

• **訓練孩子們有計劃地使用錢**。現在，孩子們大多存在這樣的毛病，就是父母給多少錢就花多少錢，花完了就跟父母要，花錢沒有節制性。所以，父母最好是和孩子一起訂定出一個消費計劃。在父母給孩子錢的時候，可以提出一個支出原則，讓孩子自己去訂計劃，父母不必直接干預，但要對孩子的計劃進行監督、檢查。這樣，孩子在日常生活中才能養成好習慣，懂得預算，懂得把錢花在刀刃上。

• **給孩子錢要有節制**。無論您的孩子年齡多大，也無論您的經濟條件如何，在給孩子零用錢方面，父母一定要有所節制，把錢的數額控制在孩子有能力支配的範圍之內。一般來說，零用錢的數額並沒有一個定數，父母要根據孩子的日常消費來預算。這些開支大多包括買零食、午餐費、車費、購買學習必需品的費用。另外，父母還要給孩子一些額外的錢，也就是說，您給孩子的錢，要比預算寬裕一些，這樣才能為孩子的儲蓄創造可能性。

‧**帶孩子購物，向孩子示範理智消費**。教育孩子根據需要計劃購物，告誡其用好每一件東西。買東西是為了使用，這是不言而喻的。沒有用的東西堅決不能買，應當作為家庭的一條規矩。一位父親曾帶著六歲的孩子逛了三家商店，目的是為了買一輛物美價廉的自行車。最後，父親把省下來的錢買了一個孩子嚮往已久的乒乓球拍。這位父親的做法很聰明，他的行為給孩子做了很好的示範，使孩子了解了什麼是價格差，什麼是明智消費。這樣，孩子在自己支配錢的時候，也會注意節儉。

‧**給孩子預習成年人生活開支的機會**。孩子們雖然接觸了錢，但他們很少接觸到真正的成年人生活。所以，當他們長大以後，需要自己支付水電費、房租、生活費的時候，他們常常會覺得束手無策。因此，父母最好從現在開始，就給孩子一些機會，讓他們去買菜、交電話費等，使孩子知道家裡的錢是怎麼花出去的，父母每個月都需要支付哪些開支。這樣，孩子有了了解家中「財政」的機會，當他們長大成人以後，也會綜合考慮家庭開支，不至於顧此失彼。

・**有付出才有收穫**。當孩子到了三、四年級時，進一步地告訴他，唯有辛勤地工作才能獲得好報酬。若是妄想不勞而獲，或是羨慕別人有錢，想用不正當的方式得到財富，不但會遭到懲戒，也會受到同伴的恥笑。收入是為了支付全家人開銷。告訴孩子，任何一個家人如果濫用金錢，將會影響到全家人的生活。為了讓家人有安定的日子，誰都沒有權利隨意花費或浪費金錢。身為家庭的一份子，就應該為全家人著想。藉此培養孩子的責任感，一個有責任感的人，不但會為自己負責，也會替他的家庭負責。

・**用自己的錢買自己的東西**。為了進一步落實「付出才有收穫」的觀念，爸媽不妨給孩子一些工作。例如：鋪餐桌、鋪床、擦桌椅、倒垃圾、掃地等等。做這些家事不但可以鍛鍊孩子的勞動力，也能讓他們體會「付出才有收穫」的觀念。而且，用自己的勞力、智力換取來的報酬，更值得珍惜。今天，很多孩子可以無條件地得到高額的零用錢，難怪他們會有「不勞而獲」才是聰明人做法的錯誤觀念。

・**別讓自己成為勒索的對象**。「學校裡有那麼多學生，為什麼偏偏勒索你呢？」不妨和孩子討論一下這個問題：是因為你長得太瘦弱了，還是讓人知道你很有錢，是一隻揩得出油的肥羊？錢不露白的觀念，有必要灌輸給孩子；還要告訴孩子，別打腫臉充胖子，當個冤大頭。

## 第51種好習慣

# 怎樣培養孩子儲蓄的習慣？

存錢與花錢是互相矛盾，
父母應鼓勵孩子存錢，
幫助孩子學會儲蓄，
有計劃地使用儲蓄的錢。

習慣，不論好壞，都是從小養成，而且難以戒除。我們為人父母者可以幫助孩子養成一種良好的習慣，就是定期規律地儲蓄。如果想要讓孩子養成這種習慣，你就要把它變得有趣，並且使它成為一種例行事項。

華爾街股票大王的幼年經歷，會給今天的父母有所啓迪。

被稱為股票神童的司徒炎恩十四歲便揚名華爾街。九歲時在媽媽的生日，司徒炎恩送了一張生日卡給她，寫道；「**我沒有錢買禮物，但我可以教你如何投資。**」另外寫了一封信，說如果有幾十元可以買股票，有四千多元便應該買房子出租。他十二、三歲就想自己買股票，結果，證券公司不讓兒童買股票，到十四歲那年，司徒炎恩用儲蓄下來的一百美元買了一家電腦軟體公司的股票，股票價格大漲，三個月之後，他把股票賣掉，淨賺八百美元。一九九三年在父母的同意下，他向家人、親戚及要好的朋友借錢，共集資二萬美元，成立了自己的基金公司，十五歲的司徒炎恩成為該基金公司的經理。

三年之中，他的基金每年均成長三成多，一九九六年成長達到四成。後來，他父親把自己十多萬美元的退休金交給他管理，這位年輕的基金經理正管理著二十萬美元，他打算積極吸納投資者，五年賺到二千萬美元。

從股票神童司徒炎恩給媽媽的生日禮物，可以看出西方有些孩子有較强的金錢觀，甚至高過長輩們。司徒炎恩生在著名的國際大都市香港，長在商品經濟高度發達的美國，金融中心香港和擁有占全國人口四十%的股民的美國對司徒炎恩有巨大的影響和薰陶，紐約金融中心——曼哈頓，以及全球最大的證券公司——美林公司是他成長的土壤。司徒炎恩經常出入曼哈頓，在美林證券公司打工，為他成長創造了良好的環境。

美國有一本暢銷書叫做《錢不是長在樹上的》，這本書的作者戈弗雷在談到儲蓄原則時指出：孩子們可以把自己的零用錢放在三個罐子裡。第一個罐子裡的錢用於日常開銷，購買在超級市場和商店裡看到的「必需品」；第二個罐子裡的錢用於短期儲蓄，為購買「芭比娃娃」等較貴重物品積攢資金；第三個罐子裡的錢則長期存在銀行裡。為了鼓勵孩子存錢，可以陪孩子一起去銀行存錢，並以孩子的名義開一個戶頭。當孩子在鉛印的存單或存摺上見到自己的名字時，會使他們感到自己長大了，變得重要了。銀行的另一個好處是：它能使孩子們充分理解錢並不是隨便地就可以從銀行裡領出來，而是必須先掙來，把它存到銀行裡去。以後才能再領出來，而且還會得到多出原來存入的錢的利息。

那麼，怎樣培養孩子儲蓄的習慣呢？我們給父母們的建議是：

• **儲蓄優先**。孩子和大人一樣，都會把儲蓄這件事延後再做，結果到最後才發現自己沒錢可存了。所以幫助孩子在做其他事之前先把錢存起來。孩子長到三歲，父母便可以用家裡的錢和他玩儲蓄遊戲。鼓勵孩子將自己的積蓄存到家中的「銀行」時，用孩子的名義開一個「帳戶」，讓他有自己的「存摺」，並妥善保管。到六歲時，應該讓孩子理解，把錢存到銀行裡，不是銀行把錢「拿走」了，而是把錢安全地存放起來，並使之有所增加。這樣做有助於孩子養成儲蓄的習慣。

• **為特定的目標設定期限**。如果孩子要存錢買一組電視遊戲器配件，建議他找張那組配件的照片，然後在上面寫上希望購買的日期。用磁鐵把照片釘在冰箱門上或釘在他的臥室的門上，讓他能時時看到自己的目標。

• **和孩子分享「騙自己存錢」的技巧**。每週存下部分的零用錢（你的話則是薪水）；將所有在節慶時收到的禮金都存起來；少花點錢在自己身上，多做些額外的家事；在有時間把錢花掉之前先存起來；看電影時和朋友共吃一盒爆米花，而不要自己吃一整盒；盡量少放錢在口袋裡。

• **讓孩子明白金錢得來不易**。當孩子上小學一年級（或是幼稚園大班），第一次給他零用錢時，你就必須告訴他：錢是爸爸媽媽辛辛苦苦工作賺來的，要珍惜它，不要隨便浪費掉，讓孩子明白金錢得來不易。

• **指導孩子合理地使用「零用錢」**。可以訂定一個計劃，什麼東西是必要的，急需的，應優先考慮。監督孩子零用錢的支出。隨著年齡的增加，孩子有一些自己支配的零錢，由孩子花銷，父母應予指導和監督。

第52種好習慣

# 怎樣培養孩子勤儉的習慣？

「有錢難買幼時貧」，
並不是讓孩子去過「苦行僧」的生活，
而是為孩子創造儉樸的家庭環境，
讓孩子養成儉樸的美德。

勤儉節約既是對創造財富的勞動者的尊重，也是對用自己血汗錢購買物品的父母的尊敬。勤儉節約不僅使家裡的各種東西充分發揮作用，也有利於孩子獨立生活能力的提高。但是，現在孩子們花錢大手大腳的情況相當嚴重，其中大部分的錢是可以節約的。孩子手中的錢最終來源於父母，從根本上看孩子的浪費是父母約束不力造成的。

培養孩子節儉的品格，已越來越被許多父母接受。美國的山姆·摩爾·沃爾頓是個擁有八十五億美元的富翁，但是他卻住在一座小鎮上的普通房子裡，平時開一輛舊福特車，穿著工作服，像一名普通工人，其生活也同樣樂趣無窮。他的後代常以此為榮，並繼承著這一良好的家風。

哈理的祖父勒克菲爾是美國勒克菲爾財團的董事長，父親是曼哈頓公司的經理，家中巨富，他們不僅自己生活節儉，也不允許子女們鋪張浪費。這個家族有個家規就是人長到十八歲以後，經濟上自理。哈理是美國哈佛大學經濟系的高材生，還到紐約港曼哈頓碼頭參加勞動，開吊車把貨櫃從貨輪上卸下。他說：「我父親年輕時，比我更苦。他當年在普林斯頓大學讀書時，爲了交付昂貴的學費，每到假期就到密西西比河的貨輪上當水手，做著最髒最累的工作，這樣才讀完大學。祖父雖有錢，但他從不伸手要錢，因爲這是家規。」

培養孩子勤儉的習慣，我們給父母們的建議是：

- **培養孩子勤儉節約的觀念，是塑造良好品德的開端**。我們說「有錢難買幼時貧」並不是讓孩子去過「苦行僧」的生活，而是為孩子創造儉樸的家庭環境，讓孩子養成儉樸的美德。「以儉養德」的許多事例告訴我們：要把孩子培養成有志向、有追求、有出息的人，勤儉節約、艱苦樸素的教育是不可或缺的。這是給孩子的永久財富。
- **父母以身作則勤儉節約、勤儉持家，是教育成功的關鍵**。
- **教會孩子量入為出**。父母要經常跟孩子講勤儉持家的道理，使其懂得一粒米、一滴水、一度電都是辛勤勞動得來的。父母供他的衣食住行的所需費用，也不是不費力氣掙來的。

• **從小事做起，養成節約的習慣**。首先在使用學習用品上要講節約，不要因為寫錯一兩個字就撕掉一大張紙，不要老是碰斷鉛筆芯。同時要在生活上節約，如人走燈滅，一水多用，愛護衣物等。

6 篇

# 讓孩子體會勞動的艱辛

## 勞動習慣的培養

# 第53種好習慣 怎樣培養孩子勤勞的習慣？

有位學者說了一句震人心扉的話：「再富也要苦孩子」。這句話和「再窮也不能窮孩子」看似對立，實際上又是統一的，它是指對父母來說，不管你多麼富裕，生活條件多麼好，也要讓孩子吃點苦。

現在，許多家庭物質條件好了，又只有一個孩子，所以一心想讓孩子盡量過得舒服些，少吃點苦。孩子要什麼就給什麼，口袋裡零用錢不斷，生活照顧得無微不至，生怕孩子吃了苦。這樣做的結果，一是使孩子不知一飯一粥來之不易，二是使孩子生活難以自理，將來更難以自立於社會。作為父母必須意識到：今天的天堂，難遮明日的風雨。如果從小讓孩子養成勤勞的習慣，將來必會受用無窮。

許許多多的事例證明，童年和少年經受過困難、挫折和磨練，是日後成功的資本。北京大學生物學教授陳章良，出生在福建省福清市一個家境貧寒的農民家庭裡，他九歲入學，二十六歲獲博士學位，二十八歲被破格晉升為教授，三十歲獲聯合國青年科學家獎。作為一個農民的兒子，能夠在這麼短的時間連續完成「四級跳」，這不能不說與陳章良的父母對他的教育，尤其是吃苦耐勞的教育和培養非常有關。

陳章良由於家境清貧，入學前一直在家幫忙工作，直到九歲才上小學。有些人認為，從智力開發的角度看，他浪費了許多美好的時光，可是陳章良並不這樣認為，他說：**「學前教育很重要，學前的四年勞動，我起早摸黑在大自然薰陶下成長，空白的僅是文化，因爲我年齡大一些，一入學，就很用功。由小學到大學，我都擔任班級幹部，社會工作鍛鍊了我的組織能力，增強了我的自尊心和自信心。」**他正是靠這股自尊心和自信心，僅用十七年時間就完成了小學至博士的學業。難怪有的大學生問他：**「你是否絕頂聰明？」**他說：**「我很刻苦。」**他認為，一個人能否成功，關鍵在於是否有吃苦耐勞的精神。

陳章良的父母雖然目不識丁，但他們卻能盡到父母的責任，以勞動者的質樸感情教育陳章良怎樣做人。他們教育陳章良從小就要學做事，**「不要坐在家裡等著天上掉下玉米來」**，**「要好好勞動，努力念書，不要乞求別人爲你解脫困境」**。所以，陳章良最難忘的是羅立中的國畫《父親》，最難以拒絕的是父母在家鄉的期待。正是與父母親難分難捨的感情，使他時時刻刻想著如何報效國家、報答父母親。

為了培養他們的吃苦耐勞精神，一些生理和心理學家提出，要給孩子一些「劣性刺激」。主要包括以下幾種。

**耐勞與吃苦**。特別是城市孩子，生活在父母的羽翼下，衣來伸手，飯來張口，幾乎與勞累無緣。為了培養他們吃苦耐勞的品格，讓他們經受一些勞累的鍛鍊是非常必要的。

**困難與挫折**。常給孩子出些經過努力可以克服的「難題」，並教他們克服困難的辦法，還要讓他們嘗試和體驗挫折和失敗，以使他們幼小的心靈能認識到並不是想要什麼就能得到什麼，要做什麼就能做什麼。因此，也就不會常向大人提出各種不合理的要求。

培養孩子勤勞的習慣，父母要讓孩子知道，要享受真正的人生，享受真正的生活，就必須從事各種的勞動。只有在勞動中，人們才能找到無盡的快樂，才能創造美好的生活，而懶惰、好逸惡勞是萬惡之源。勞動是成功的本源，因為美好的東西如果輕易得到，孩子就會毫不在意，只有讓他們親自付出相對的勞動和汗水，才能懂得珍惜、愛護這些美好的東西。而那些優秀的人物，那些偉人，無一不是在苦難中，在貧困的推動下，勤奮勞動，而終於脱穎而出的。生長在城市裡的孩子往往就像温室裡的花草一樣，很少經歷風吹雨打，不懂世上還有「艱辛」二字。他們不懂得體貼農民，不知道愛惜糧食和敬重土地，他們已經喪失了把勞動作為美德的最樸素的理解。而讓他們獲得這種理解，體會這種艱難，培養起對勞動的興趣，便只有讓他們親自去體驗。

培養孩子勤勞的習慣，我們給父母們以下建議：

- **鼓勵孩子參加力所能及的家務勞動**。只要沒有危險，父母都要積極鼓勵。比如，幫助父母掃地，擦桌子等。
- **給孩子一個固定的勞動工作**。父母可以給孩子設立一個固定的勞動工作，如洗碗，鋪床鋪等，要有標準和要求。
- **教給孩子一些必要的勞動技能**。

# 第54種好習慣 怎樣讓孩子成爲家務的好幫手？

讓孩子儘早參加家裡力所能及的勞動，可使孩子的生活充實、有趣。同時，在勞動中也能培養孩子許多寶貴的品格。

讓孩子承擔一定的家務活動，這是培養孩子家庭責任感的一個很好的方法，開始的時候可以是很簡單的，比如幫助媽媽拿個盤子、遞個勺子之類的。慢慢的可以給孩子分擔一些稍微重一點的，比如掃掃地、倒倒垃圾什麼的，再到後來，承擔洗碗、洗衣服等等。

陳宇華的父母在處理孩子做家務方面的做法很有啓示。在給宇華分配任務前，爸爸媽媽總跟她先講清楚，一個家庭總有很多事情要做，每個人，包括爸爸媽媽在內，都享受著一份「家」的溫馨，因此也都有責任承擔一定的家務。比如，陳宇華開始承擔家裡的掃地任務，媽媽說：「你現在還小，所以現在負責掃地，相信你一定會樂意，**而且每天都會把地掃得很乾淨，以後家裡地板乾不乾淨就看你的了。**」一旦把這個任務給了陳宇華，以後爸爸媽媽就不會過問，由陳宇華一個人做，他們只是在旁邊監督一下。陳宇華偶爾也有偷懶的時候，比如不想拖地，就用水把地弄濕，但是都給媽媽識破了，幾次之後，她也就打消了僥倖的念頭，老老實實地負責自己的工作。

年幼的孩子總會以能夠幫助父母做點家務為榮，更何況陳宇華還是一個比較懂事的孩子，沒有爸爸媽媽的命令，第一次洗碗是陳宇華主動要求的。「**媽媽，我來幫你洗碗吧。**」和爸爸媽媽在一起吃飯的陳宇華很興奮，她急於想做點事情來表示對此的高興，因此媽媽剛剛開始收拾碗筷的時候，陳宇華便主動請纓了。「**好啊！可是有一條，你今天洗碗了，以後的碗可都要歸你洗了。**」媽媽自然很高興，勞累了一天，她巴不得能夠早早去休息一下。「**沒有問題。**」看到媽媽同意自己幫忙，高興中的陳宇華根本就沒有考慮媽媽話中的「以後」兩個字對她來說是意味著什麼。

看著媽媽洗碗已經很多次了，但真正動起手來還是第一次。她學著媽媽的樣子，先將每個碗和盤子中的剩飯菜集中到一個碗中，然後把它端到廚房，放進垃圾袋中，這一步很簡單，陳宇華也做得很高興。下一步，陳宇華要用一個盆子把所有的碗集中起來一起拿到水龍頭下，先打開水龍頭，將盆和碗都浸在水裡，然後倒上清洗液，再一攪和，泡沫就出來了，這是最有趣的一步，宇華樂開了。第三步就是要將每個碗洗乾淨，剛剛塗上清洗液，整盆都是泡沫，滑滑的，陳宇華更多的時間是在玩泡沫。

「哎呀！」手一滑，碗就落到水池邊上的水泥臺上，碎了。

女兒是第一次做這個事情，媽媽的注意力一直沒有移開，她在關注著女兒。**「沒關係！宇華，你做得很好，繼續！」**媽媽的鼓勵對宇華來說是最最重要的，一下子打破碗的窘迫就消失了。**「第一次，誰都一樣，關鍵要逐步掌握要領，集中注意力。」**當孩子第一次做某件事的時候，父母的及時鼓勵是必不可少的。陳宇華的媽媽聰明的地方更在於，在孩子積極想做的時候，就把這個責任順勢放到她的肩上，表面雖有點過分，但父母的苦心就悄悄隱藏在中間。

陳宇華洗碗的技術越來越熟練，漸漸地，甚至閉上眼睛，她也可以把碗洗得很乾淨，放得很整齊。但是陳宇華的新鮮勁和耐心也就越來越消磨殆盡。

**「今天我不洗了！」**陳宇華撒嬌。**「隨你的便，別忘了你答應過父母什麼。」「還有碗沒用過，我明天洗行嗎，媽媽？」「洗碗是你的事，你自己決定吧！」「洗碗沒勁，媽媽，我換個工作做吧！」「不行！做完再說。」**這次媽媽回答得很乾脆，直接否決。

洗上幾個碗，對爸爸媽媽來說易如反掌，但是說過了就說過了，是誰的責任就是誰的責任，躲不了。媽媽希望陳宇華能夠從中學到諸如責任、毅力和堅持等等概念。所以無論陳宇華怎麼說，媽媽都不同意，反正大綱給你了，剩下的事情就自己摸索就行了。

陳宇華的招都使盡了，媽媽還是沒有反應。「**我不洗了！**」實在不想洗的時候，陳宇華開始罷工。不洗就不洗吧，爸爸媽媽照樣穩坐釣魚臺，他們只管煮飯，碗的事情就交給陳宇華，沒有碗或者碗不乾淨，那就等著好了，反正一時半會兒餓不壞。廚房的碗堆了半尺高，筷子零落到各個地方，媽媽也從來不管。「**宇華，那是你的事，你答應過的，就一定要做好，這是你的責任。**」罷工無效的陳宇華只好妥協，「**家裡又不是有很多碗可以讓父母換著用，還是乖乖地去洗吧。**」如果當時陳宇華「罷工」勝利的話，今天的她一定不是這個樣子。宇華的媽媽透過洗碗這件事，讓孩子把具有責任感的道理體驗了一下。而一旦這個觀念深入孩子的心，以後連躲的想法都沒有。

孩子幫父母做家務是很必要的，但在幫孩子選擇家務事的時候，除了避免發生危險之外，以下幾點也是應該注意的：

- **給孩子選擇的機會，讓他依興趣和能力做自己想做、能做的工作。**孩子做的時候，大人可以在一旁觀察、鼓勵，或給予建議，適時地加以協助。如果他實在做得不理想，也不要責備他。可以在孩子離開現場後再略加收拾，以免讓他難堪。
- **不要覺得孩子太小，會越幫越忙，太浪費時間，而情願自己動手，讓孩子失去學習的機會。**媽媽可以選一個時間充裕的時候，和孩子一起慢慢做，指導他、鼓勵他，久而久之，他就會成為好幫手的。對職業婦女而言，說不定更能因孩子的「合作」與「能做」，而提早減輕一些重擔。

• **向做家務的孩子道謝**。稱讚是適於孩子的一種鼓勵方式，父母要經常告訴孩子，對他們的幫助多麼感激。這種真誠的感謝會令孩子更積極地成為做家務的好幫手。做家務並非單單做點家務事，教你的孩子怎樣洗碗、掃地、整理臥室時，更重要的是培養孩子的責任心、獨立性、自尊心、自信心以及互相幫助，齊心協力的品德等。做完了家務事，最好的獎勵是一個微笑，一次擁抱和說聲「謝謝」。或是在孩子聽見的情況下，稱讚他多麼聰明能幹。

• **不要逼孩子做力所不能及的事，希望孩子做的，一定是能夠完成的，否則孩子就會灰心。**

• **首先演示如何做，並和他一起做，然後讓他們自己做。即使孩子用自己的方法，也不要干涉。**

P 篇

# 讓孩子擁有成功

## 激勵習慣的培養

## 第55種好習慣

# 怎樣讓孩子選擇有興趣的事物？

興趣是最好的老師。
父母培養孩子選擇感興趣的事物，
可能會獲得事半功倍的效果。
興趣使人主動，積極上進，
從而能開發你的潛力。

祖沖之是南北朝時期南朝的科學家。他推算的圓周率比歐洲早一千多年。他編制的《大明曆》首先考慮到歲差問題的計算，對於日月運行周期的資料比當時的其他曆法更為準確。

然而，有誰能相信，這樣一位偉大的科學家，小時候經常挨打，曾被斥責為「笨蛋」、「蠢牛」呢！祖沖之的父親祖朔之，是位小官員。他望子成龍心切。祖沖之不到九歲，父親就逼迫沖之去背誦深奧難懂的《論語》，讀一段，就叫他背一段。兩個月過去了，祖沖之只能背誦十多行，氣得父親把書摔在地上不教了，並且怒氣沖沖地罵道：「你眞是一個大笨蛋啊！」過了幾天，父親又把沖之叫來，教訓他說：「你要用心讀經書，將來就可以做大官。不然，就沒有出息。現在，我再教你，你再不努力，就絕不饒你。」可是父親越教越生氣，祖沖之也是越讀越厭煩。他皺著眉頭，憤憤地說：「這經書我是說什麼也不讀了。」氣得父親額頭上的青筋都迸出來了，忍不住伸手打了祖沖之幾巴掌，打得兒子號啕大哭起來。父親口裡還不斷罵「笨蛋，蠢牛」、「沒出息」。正在這時，沖之的祖父來了，問明原因，就對祖朔之說：「如果祖家眞是出了笨蛋，你狠狠打他一頓，就會變聰明嗎？孩子是打不聰明的，只會越打越笨。」沖之的祖父對朔之還嚴厲地批評說；「經常打孩子，不僅不能起任何好的作用，而且還會使孩子變得粗野無禮。」祖朔之說：「我也是爲他好啊！他不讀經書，這樣下去，有什麼出息。」「經書讀得多就有出息，讀得少就沒有出息？我看不一定吧。有人滿肚子經書，只會之乎者也，卻什麼事也不會做！」沖之的祖父批評說，「他不讀經書怎麼辦？不能硬趕鴨子上架。他讀經書笨，說不定做別的事靈巧呢。做大人的，要細心觀察孩子的興趣，加以誘導。」

有一次，祖沖之問爺爺：「爲什麼每月十五的月亮一定會圓呢？」爺爺解釋說：「月亮運行有它自己的規律，所以有缺有圓！」祖沖之越聽越有趣，從此，經常纏住爺爺問個不停。爺爺便對沖之說：「孩子，看來你對經書不感興趣，對天文卻是用心鑽研，正好，咱們家裡的天文曆書多得很，我找幾本你先看一看，不懂的地方問我。」祖朔之這時也改變了對兒子的看法，每天，教孩子讀天文方面的書，有時祖孫三代一起研究天文知識。這樣，祖沖之對天文曆法的興趣越來越濃了。

一天，爺爺帶沖之去拜見一個名叫何承天，在天文方面很有成就的官員。何承天問沖之：「小兄弟，天文這東西研究起來很辛苦，既不能靠它發財，更不會靠它升官，你爲什麼要鑽研它？」祖沖之說：「我不求升官發財，只想弄清天地的秘密。」何承天笑道：「小兄弟，有出息。」從此，十多歲的祖沖之經常找何承天去研究天文曆法。後來，祖沖之終於成為一名傑出的科學家。

祖父對孫子沖之因材施教，依據其興趣，以啓發、引導孩子，獲得了驚人的成就。這對我們今天的父母是否也有所啓迪呢？

父母怎樣培養孩子的興趣呢？

• **父母要做表率**。父母的一言一行都會直接影響孩子。很難想像，在一個父母整天無所追求或麻將牌桌整天不斷的家裡，孩子會有很强烈的學習興趣。如果父母喜歡看書，學習求知欲很强，那麼孩子對學習自然而然也會產生濃厚興趣，他會照著父母的樣子，自覺地認真學習，積極完成各門功課。所以，父母要提高孩子的學習興趣，先要從自己做起，從提高自身素質做起。

• **父母要給孩子創造良好的學習條件和環境**。課外閱讀既有利於豐富知識，又有利於開闊眼界，陶冶情操。父母應根據孩子的興趣，為他們訂購一些書刊雜誌和學習上的工具書。如條件許可的話，還應給孩子固定一間書房或一個固定的座位。房間的光線要充足，晚上燈光要柔和，桌椅高矮要合適。孩子做功課時，室內應保持安靜。良好的學習環境有利於使孩子不受外界干擾，靜下心來學習。

・**父母應從小培養孩子的學習興趣**。從嬰幼兒開始，父母就可透過講述故事、教兒歌等方式教給孩子各種知識。告訴孩子，只有做一個有學問的人，才能受人尊重，為國為民做貢獻，也才能為自己將來找到理想的職業打下堅實的基礎。這樣將逐步使孩子認識到學習是一件很光榮的事，因而從心裡形成一種敬學的精神。

・**父母要培養和保護孩子的好奇心和求知欲**。孩子對周圍環境和自然界有強烈的好奇心和濃厚的興趣。這種好奇心和興趣能激發強烈的求知欲，推動他們去刻苦鑽研，吸收知識。如經常帶孩子去參觀各種展覽會、博物館，使孩子了解：生命是怎樣起源的？恐龍為什麼絕跡？帶孩子到大自然中去觀察：鳥為什麼會飛？火車為什麼會跑？可以舉辦「家庭知識競賽」、「猜謎語遊戲」等。對孩子已有的興趣，父母應積極支持，多為他們開闢一些培養興趣的園地，啓發他們去思考探索，提高學習自覺性。

・**父母不要強迫孩子學習**。父母對孩子提出的學習要求，要因人而異，不能一下子提得過高過嚴，更不能逼得太緊，否則會影響孩子學習的動力。如果父母提出的目標超過孩子的能力，孩子就會變得焦躁不安，信心不足，潛意識中產生不滿或反抗情緒。久而久之，反而會影響學習。

・**父母要讓孩子嘗到成功的滋味**。如果孩子語文好，數學差，則讓他先做語文作業，再做數學作業。父母輔導孩子做課外題，應由易到難，循序漸進，以增加學習信心。如果孩子真有困難，父母則應採取積極的態度，適當提醒，啓發他去思考，幫助孩子提高自己克服困難的能力，但不能包辦代替。孩子一旦有了成功的紀錄，就意味著得到一種享受，如果能經常嘗到成功的滋味，也就會激起更加濃厚的興趣。

・**父母不要動不動拿別人作比較**。孩子不喜歡父母拿他與別人比，特別是與比他强的孩子相比。如果父母老拿別人比較，孩子容易產生反抗心理，不自覺地放棄進取。父母應尊重孩子，相信自己的孩子。

第56種好習慣

# 怎樣尊重孩子的選擇？

做自己應該做的事，
對不應該做的或暫時不能做的，
或者放棄，或者暫時放棄，
這是人生選擇中的一個重要法則。

比爾·蓋茲是美國西雅圖市人。中學畢業後進入哈佛大學，一年後輟學，開始從事令他癡迷的電腦事業。一九七五年正式創辦微軟公司，二十八歲成為全球電腦大王，曾被評為一九九八年度世界首富。

比爾·蓋茲的外祖母對他產生很重要的影響。外祖母在中學時代曾是學校女子籃球隊的主力前鋒和班上的畢業生代表。她博學多才，思維敏捷，酷愛益智遊戲，在她的眼裡，玩遊戲不是無意義的消遣而是技能和智力的鍛鍊。

外祖母很喜歡和比爾·蓋茲玩智力遊戲，包括下跳棋、玩籌碼、打橋牌等。玩遊戲時，外祖母總愛對比爾·蓋茲說：「**使勁想！使勁想！**」她也常常為比爾·蓋茲下一步好棋、打一張好牌而拍手叫好。這些遊戲大大地激發了比爾・蓋茲愛思考的潛能。

外祖母還常常跟比爾・蓋茲讀書、講故事，比爾・蓋茲從中受益匪淺。在外祖母的幫助與指導下，比爾・蓋茲的閱讀興趣日益濃厚和廣泛。

比爾・蓋茲十分喜歡參加他家附近的一家圖書館舉行的夏季閱讀比賽，他總能得男孩中的第一名，偶爾還會奪得總冠軍。他年僅九歲的時候，已經讀完了《百科全書》，十一歲的時候，就因背誦《馬太福音》中冗長而晦澀的《登山寶訓》全文而獲獎。

外祖母早已意識到比爾・蓋茲在思維與記憶方面超乎常人的潛能，她總是利用各種機會去激發他這方面的潛能。當祖孫倆一起在公園散步時，外祖母常會與比爾・蓋茲交流棋藝或看了某篇佳作的體會，培養他的思考能力和表達能力。正是在這種磨練中，比爾・蓋茲一天天成長起來。

比爾・蓋茲的父母也十分關注兒子的成長。父親是律師，母親是教師，他們都是西雅圖市頗有名氣的人物。比爾・蓋茲的父母在工作之餘總是盡可能與孩子們待在一起，一家人不斷做各種遊戲，從棋類到拼圖比賽，幾乎所有的益智遊戲都玩遍了。

隨著年齡的增長，家庭環境已越來越無法滿足比爾・蓋茲的進一步發展了。於是，父母開始把目光投向社會，尋找能啓動兒子潛能的更廣闊的舞臺。讀小學六年級

時，比爾．蓋茲在父母的幫助下參加了西雅圖的當代俱樂部。在這個俱樂部裡，聚集了許多聰明的孩子，他們常討論時事、書籍和其他問題。在這些活動中，比爾．蓋茲常以獨到而深刻的見解博得大家的喝采。另外家裡人還支持比爾．蓋茲參加各種有益的活動。

比爾．蓋茲小學畢業後，父母在他是該讀私立中學還是讀公立中學的問題上進行了認真分析。由於比爾．蓋茲在小學時就是一名不太「安分」的學生，父母希望兒子在新環境中能養成良好的學習習慣，生活上有紀律約束。當時，西雅圖有所私立中學，名叫湖濱中學，該校環境優美、師資雄厚、紀律嚴明，這所學校比較符合比爾．蓋茲父母的要求。

比爾．蓋茲開始時不願意去，他認為湖濱中學的校規校紀太嚴格，對人約束過多，但當他聽了父母對湖濱中學優越的學習條件的分析後，還是同意了。

在湖濱中學，比爾．蓋茲雖未改掉那些所謂的「壞毛病」，但他的數學天分得到了進一步發揮。也正是在那兒，他迷上了令他傾注畢生精力的電腦。比爾．蓋茲常按自己的興趣來學習，凡是他喜歡的課程，他就狠下工夫，學得非常出色，反之，就一般性地應付。

父母每次看了比爾．蓋茲的成績單後，儘管他們知道兒子的某些課程還可以學得更好些，但他們從不責備兒子。因為他們知道，兒子不是不用功，只是不願在不喜歡的東西上浪費時間罷了，他把自己的才智和心血都用在了他喜歡的數學與電腦上。

比爾．蓋茲中學畢業時，很想到哈佛大學讀書，這也正是父母的最大心願，因為他們清楚，只有哈佛這樣的世界一流大學才能使兒子受到最好、最全面的教育，他的天賦才能被充分啓動。但是在專業選擇上，父親與兒子卻發生了分歧。比爾．蓋茲的父親在美國律師界的聲望很高，他十分希望兒子能繼承父業，但比爾．蓋茲卻對學法律當律師不感興趣，他最感興趣的是數學和電腦。

所幸父母是很開明的，當他們發現兒子對當律師毫無興趣後，意識到若強迫他學法律，只會扼殺他在電腦方面的特殊天賦，對他的發展極其不利。因此，父母放棄了原來的想法，決定讓兒子在大學裡自由發展。不料一年後，他們遇上了更加棘手的難題，原來比爾．蓋茲要離開哈佛，與別人一起創辦電腦公司。父母百思不得其解，一開始極力反對，他們認為在哈佛大學求學對一個人來說十分難得且重要，中途放棄實在可惜。為了讓兒子放棄退學的想法，父母甚至拜託他們的好友、一位十分有名望的企業家勸說他的兒子。

比爾．蓋茲的這次選擇，改變了他的一生，奠定了他的電腦事業的基礎。比爾．蓋茲是當之無愧的電腦英雄，他創造了人類創業史上的一個神話。比爾．蓋茲的成功是個人天賦與家庭教育共同作用的結果。

比爾．蓋茲從小就表現出過人的天賦，外祖母循循善誘的啓蒙式教育和父母不辭辛苦地尋找適合他天賦發展的社團和學校，為比爾・蓋茲天賦的發展提供了肥沃的土壤，使它能順利地生根、開花乃至結果。僅僅發現孩子的天賦是不夠的，更重要的是要善於保護和培養。比爾・蓋茲是幸運的，他在選擇學校、選擇專業以至選擇退學上最終都得到了父母的理解和支持。正是這無數次正確的選擇，使比爾・蓋茲的興趣和天賦與他的事業找到了最佳的結合點。試想，如果當初比爾・蓋茲屈從父母的意願去學習法律，那電腦界無疑會失去一位叱吒風雲的英雄。一次選擇有時就可能決定一個人的命運，尊重孩子的選擇就是愛護孩子的未來。有時候，孩子的選擇可能會與父母的觀念發生衝突，這時候，我們應當把主動權交給孩子，從孩子的志向與內在潛質出發去尊重孩子的選擇。

當孩子選擇了自己喜歡的專業後，父母要積極支持孩子的選擇，多給孩子鼓勵。那麼，父母怎樣尊重孩子的選擇呢？

・**支持孩子的選擇**。如果孩子決定了的事，父母可以提一些參考意見，但不要强求，要尊重孩子的選擇。

・**讓一切順其自然**。父母在孩子的成長過程中身負重任，既要收得攏，又要放得開。這是個高難度的動作。也就是說，該提醒時提醒，該自由時給予自由。

第57種好習慣

# 怎樣對孩子說「你眞行，再來一次」

經常對孩子說「你真行！」、「你真棒！」
可以使孩子增加信心，
知道自己的進步。

在現實生活中，成年人往往是給孩子講做事做人的道理，忽略了讓孩子去親身做，更忽視對孩子做事情的具體指導。以至於出現這樣的情況，父母滔滔不絕，孩子置若罔聞。我們常說，教育孩子的好方法是「言傳身教」。現在，從孩子接受教育的角度來看，我們强調的是「聽進身做」，在做中明理。

許多父母抱怨孩子不聽話，不按自己的要求去做事情，那是因為他們根本就沒有切實地把自己的話送進孩子的心中。

讓孩子快樂，鼓勵孩子。千方百計甚至無中生有的表揚孩子，給他一種好的感覺，他就會往你要求的道路上走。要對孩子有信心，不要只看到眼前，對一棵幼芽的

讚美會讓你獲得累累碩果。

一般傳統的觀念認為，努力導致成功，而其實往往是成功誘發動力。周弘教育周婷婷的辦法就是讓她嘗到成功的甜頭，而不是失敗的苦頭。

周弘認為，對孩子幼小的心靈來說，往往看到成功的希望，才有努力的力量。積累小的成功才能化為大的勝利。怎麼讓孩子嘗甜頭呢？

婷婷七歲剛接觸應用題時，有一次，十題只作對了一題。如果是其他父母，早氣壞了。錯一道題還情有可原，錯九題那真是不可饒恕的笨蛋。可是，周婷婷的爸爸卻滿懷深情地對她說：**「簡直不可思議，這麼小的年齡做這麼難的題。第一次居然就做對了一題。」**婷婷露出了喜悅的表情：**「爸爸，你小時候，會不會做？」「我肯定不敢做，像你這個年齡，這麼難的應用題，爸爸連碰都不敢碰。」**

婷婷聽了這話，自豪得不得了，越來越愛做，一次比一次對得多。她彷彿插上了飛翔的翅膀，自由地翱翔在數學知識的天空裡。她僅用三年時間就學完了小學六年的數學課程。升初中的時候，她的數學考了九十九分。

孩子學寫作文的時候，很多父母都讓孩子讀範文，拿孩子的作文和範文比，結果越比孩子越沒信心。那些範文，別說孩子了，做父母的有幾個寫得出來。

孩子的作文再差總會有一個句子寫得好吧？爸爸就用紅筆把作文中寫得好的句子劃下來，吃飯的時候，讓婷婷當著全家人的面朗讀，爸爸媽媽一起為她歡呼。

慢慢地，一句變成兩句，兩句變成三句，婷婷越來越愛寫，這樣能寫不出好作文嗎？

在這種充滿激勵的環境中，婷婷的學習興趣越來越濃厚，各方面都有了飛速的發展。

對孩子來說，大人的鼓勵和肯定具有特別重要的意義。它不僅具有培養孩子的自信心的功能，還能讓孩子培養起對生活、學習的熱愛。婷婷的爸爸就是不停地鼓勵自己的女兒，讓她感受到生活的快樂。

婷婷的爸爸身上其他肌肉不發達，唯有大拇指的肌肉很發達。婷婷從小到大，只要在爸爸身邊，爸爸的大拇指總要晃來晃去。

不同的手指不同的含義。有的父母在教育孩子時，總用手指指著孩子的腦袋：「你這個小傻瓜，怎麼這麼笨啊？」

婷婷的爸爸對婷婷使用最多的手勢就是豎大拇指，在婷婷心中，大拇指就是「你眞棒」、「你眞行」的意思，這就是一道射進孩子心靈的金色的陽光。

如今，在南京的聾童學校裡，每個老師都學會了對孩子豎大拇指。兩三歲的孩子學會的第一個動作就是豎大拇指，向同伴表達自己的愛。每位老師，給學生批作業的時候，總要畫個神采飛揚的大拇指，賜予孩子力量。

學會賞識孩子，我們給父母們的建議是：

• **給孩子一個動手做事的機會**。作為智慧型父母，首先要認識到孩子動手做事是孩子成長的基礎，是孩子手腦結合、身心和諧發展的過程。如果您真正的愛孩子，就創造條件滿足孩子「想自己做事」的需要，不要用您的「過度好心」剝奪了孩子成長的機會。

• **經常對孩子說「你真行！」「你真棒！」經常鼓勵孩子**。這樣可以使孩子增加信心，知道自己的進步。父母不要吝嗇讚美之詞。當孩子取得進步時，父母要表示真誠的祝賀。有時不一定非用語言不可，有時父母的一個會心的微笑，一個喜悅的眼神就夠了。

• **給孩子找感覺，嘗甜頭**。孩子在順境時需要，在逆境時更需要。當孩子認為自己不行的時候，父母要想方設法讓孩子找回自信的感覺。

第58種好習慣

# 怎樣掌握訓斥孩子的藝術？

訓斥和表揚一樣，
也是教育孩子的一種方式，
但訓斥更需要藝術。

孩子做錯了事的時候，習慣於等待大人們的批評，孩子有孩子的邏輯，當他一旦認定是自己犯錯時，他並不懼怕批評，相反他倒覺得不批評，不嚴厲，不凶狠才是不對的。所以，他耐心地接受批評。當然也有畏懼批評而掩飾錯誤，逃避責任的。這時就給為人父母出了難題，如何批評孩子，是發火，是揭穿，是暴跳如雷，還是涓涓細流，因勢利導。

孩子也是人，他也有自尊。要讓孩子清楚，錯在哪裡，為什麼不應該這樣做，以後應該怎樣做。讓孩子知道，孩子年齡小，許多不懂的事需要向別人請教，需要別人幫忙。不能背著大人去做一些力所不能及的事。

王欣華的媽媽就非常好地運用了訓斥的藝術：

在小的時候，王欣華很調皮，他曾經很喜歡拆家裡的東西。有一次欣華拆開了家裡的小鬧鐘。他畢竟還小，拆完了就完了，弄得零件到處都是，小鬧鐘再也裝不回去了。

媽媽下班一進家門，看到欣華在桌子前面手忙腳亂地忙著，看到媽媽進來，還想把面前的東西藏起來不讓媽媽看見。

媽媽當時真是又好氣又好笑。媽媽把欣華拉到身邊，摸著他的頭，說：**「欣華，你在做什麼啊？」**

欣華抬頭看了媽媽一眼馬上低下頭小聲說：**「媽媽，我把小鬧鐘拆了，可是怎麼也裝不回去了。」**

透過欣華的話和觀察他的表情，媽媽知道欣華已經知道自己錯了，媽媽就沒有必要再說欣華你做錯事了之類的話了。媽媽告訴他為什麼裝不回去，以及這樣做有哪些不應該的地方。

首先媽媽告訴他為什麼不應該這樣做。媽媽主要說了兩點：

**「第一是你不應該在大人不在的時候拿工具去拆東西，不管拆的是小鬧鐘也好，是別的也好，因爲你還小，從力氣上講還不能像大人一樣使用那些工具，即使是一把螺絲刀，萬一螺絲刀沒有拿穩，一打滑就很容易把手劃破，媽媽回來後該多擔心，多**

心疼啊。好孩子不應該讓父母親爲他擔心，因爲欣華已經長大了，應該學會自己照顧自己了。」

「第二，也是因爲你年紀還小，做事不能像大人一樣周全細緻，像現在，零件撒了一桌子，有的找不到了，這樣小鬧鐘就不能正常工作了，不能正常工作就不能準確告訴我們時間，這樣會給爸爸媽媽上班帶來很大的不方便，每天不都是小鬧鐘叫我們起床的嗎？」

說完了這些，欣華抬起頭，對媽媽說：「媽媽，我知道錯了，你罰我吧。」「知道錯了就是好孩子，媽媽不會罰你的。」媽媽接著問他，「爲什麼要拆小鬧鐘呢？」「因爲想看看小鬧鐘裡面是什麼，爲什麼時間到就會響，而且平時總是滴滴答答地響，那個小針還會不停地繞圈。」欣華這麼說的時候，一臉的興奮，讓人更不忍心去責罰他了。「欣華想知道小鬧鐘爲什麼這樣，想法是好的。因爲媽媽教過你要細心地觀察周圍的事物，不懂就問，可見欣華是個非常愛探索愛學習的孩子。」

欣華聽到這些果然很高興，媽媽知道，欣華又對自己充滿了信心，認為自己確實是個愛學習的好孩子。媽媽並沒有忘了補充一點：「那下次可不要這樣了，因爲媽媽教你要多觀察，不懂就問，並不代表著就可以自己動手亂來啊，你可以等爸爸媽媽回家後問嘛，而且你要求看看小鬧鐘裡面的樣子，爸爸媽媽一定會滿足你的願望的。爸爸媽媽在你身邊，看著你拆，也比自己動手亂來強啊。」

最後為了加深對這件事情的認識，媽媽自己動手嘗試著把鬧鐘再重新組裝起來，可是裡面的一些零件不見了，裝好後，小鬧鐘也不能像以前一樣繼續工作了。在媽媽裝的過程中，欣華一直在一邊看著，媽媽趁機告訴他這個零件是做什麼用的，那個是做什麼用的。還有小鬧鐘之所以不能像以前那樣是缺了什麼。媽媽看得出，儘管欣華並不能完全聽懂媽媽的話，即使媽媽解釋得很詳細了，對一些東西他理解起來還存在很大困難，但他還是學到了很多東西。

欣華的爸爸媽媽希望欣華能和許多孩子一起玩。這樣對他以後待人處世會有幫助。如果萬一出現小傢伙們打架等情況，當然要批評他。如果是欣華的不對，爸爸媽媽就要讓他認識到這樣做絕對不可以。

如果確實是別人的不對，在批評完後，他們會告訴他，當別人罵你了或者侮辱了你，你不願意容忍固然沒有錯，但錯的是你在處理這件事情上用錯了方法。做人要有自尊，但不能用別人對待你的不好的方式來回敬別人，還有更好的方法。比如和他講道理，或者告訴大人，讓大人告訴他這樣做不對。實在都行不通，可以不和他一起玩，直到他認識到自己的錯誤。

儘管爸爸不會為一點小錯就體罰欣華，但是做父親的難免會在火氣大的時候打欣華幾下。有時候連媽媽被欣華氣急了也忍不住要打他。

但這樣過了一段時間後，他們發現效果並不是很理想，欣華很倔，打他時他就忍著，受不了也會哭，但總是一副不服氣的樣子。雖然事情過後，欣華意識到自己不對，而並不記恨爸爸媽媽，但爸爸媽媽心裡也不是滋味。

後來他們經過認真商量，他們決定採用折中的方式，既不採取只說服教育方式，也不能用打來解決問題，他們把體罰定位在罰站。接著他們找欣華做了一次談話，首先他們明確表示今後絕對不會再打欣華了，以前打他的方式是不對的，是爸爸媽媽的不好。但當他犯了錯誤，而又不能及時認識錯誤的時候，爸爸媽媽會命令他罰站，而且必須嚴格執行。說完，他們徵求了欣華的意見，欣華很愉快地接受了提議。

在這以後，只要欣華犯了錯誤，實在不能說通道理，爸爸媽媽就讓他站在牆角，面壁思過。過一會兒，他們再把欣華叫過來，問他為什麼錯了，錯在哪裡了。一般情況下，欣華經過面壁後，會比開始時更能清楚認識錯誤了，開始的任性勁兒也被磨平了。

他們透過和欣華一起商量並徵求他的意見，使他意識到這個規則並不是父母强加給他的，而是他自己也認可的。平日裡爸爸媽媽教育他做人要有原則，首先要講信用的教誨也在這裡發生了作用。

每當欣華犯倔脾氣，不肯認錯，爸爸媽媽很生氣的時候，不管他心裡多不服氣，他都會主動地站到牆角，乖乖地罰站。雖然有時候確實有和爸爸媽媽賭氣的時候，但多數都是他想到了這是大家共同訂定的，而願意去遵守。

還有一個根本原因在於，在欣華的心裡，他其實是知道自己已經錯了，父母是對的，只是他一時無法接受而已。這樣，可以給欣華一點時間去思考，給他一個獨立思考的空間，往往比大人强加給他觀點更為有效。

採取這樣的懲罰措施，對父母和孩子都是有好處的。

同時對父母來講，也給了自己一個思考的時間，去想想應該怎麼樣讓孩子清楚地認識到自己的錯誤，不用責打的方式，而用較為心平氣和的方式。

只是一味地進行說服教育，沒有任何懲罰措施，有可能會成功地達到教育的目的，但也有可能使孩子慢慢變得對自己的錯誤無所謂了，甚至根本不去考慮為什麼自己錯了，只要聽著父母的教訓，不要反駁就可以了。適當的懲罰措施，可以產生輔助批評的作用。

具體的懲罰措施應該怎樣劃定，在不同的家庭裡有不同的情況。罰站的方式不一定就是最好的方式，不一定適用於所有家庭。欣華的爸爸媽媽受的教育都不多，但是他們認為罰站不會對他——孩子身體和心靈造成傷害，更何況這種方式是他們和欣華共同訂定的。

那麼，怎樣訓斥孩子才能收到好的效果呢？我們給父母們的建議是：

• **在危險時要嚴加訓斥**。比如孩子在公路上和水溝邊玩耍，或是玩火、耍弄利器時，都可能發生危險，要堅決地加以阻止。

- **當場訓斥**。對孩子如不當場訓斥，就不會有效果，因為上午發生的事情，下午或晚上他就已經忘掉，這個時候去訓斥，就不會有教育作用。

- **訓斥時全家人意見要統一，態度要一致**。需要訓斥時，若家人有的訓斥，有的庇護孩子，這樣是不可能教育好孩子的。另外，也不要全家一齊訓斥孩子，這樣會使孩子不知聽誰的好。最好由一人作代表，其他人採取贊同的態度。

- **先表揚後訓斥**。在訓斥孩子時，不要不分青紅皂白地猛訓一通，應採取先表揚後批評的方法，這樣孩子容易接受，效果也會好一些。

- **訓斥孩子時不要感情衝動**。要記住，訓斥不是目的，而是為了使孩子改正惡習，斥責與發火應是兩碼事。更不要動手就打，張口就罵，否則容易使孩子形成抗拒心理。

- **訓斥孩子時不要在飯前進行**。因為飯前訓斥孩子，既影響孩子的食欲，也影響孩子的情緒，有損孩子的身心健康。另外，要注意的是，訓斥孩子時，要以誠意和孩子接觸。

Q 篇

# 讓孩子整潔衛生

## 衛生習慣的培養

## 第59種好習慣

# 怎樣培養孩子生活衛生的習慣？

個人生活衛生包括衣、食、住、行和身體各部位的衛生，父母要指導孩子在生活中嚴格按照衛生的要求去做。

生活衛生的範圍極為廣泛，包括衣、食、住、行和身體各部位的衛生，父母要指導孩子在生活中嚴格按照衛生的要求去做。

維紅十分重視孩子的生活衛生和飲食習慣的培養。在孩子出生後，幾乎每天給孩子洗一次澡，換一身衣服。換下來的衣服總是先用清水泡，然後搓洗。沖淨後，再用熱水煮，進行家庭消毒。這位叫維紅的母親說：女兒三歲時起，我就開始注意孩子的飲食規律，通常每日三餐之間加一些不影響正食的輔助食品。同時教育孩子定時定量進餐，不暴飲暴食，不吃零食，不偏食，不喝生水等。

每次飯前，我總是要孩子自己動手擺桌椅，並幫忙做些力所能及的工作：端菜、盛飯、放筷子。飯後，也要主動收拾食具、擦拭桌面。同時，我還教育孩子用餐禮儀，如吃飯時要坐正；咀嚼時不應該發出難聽的聲音；要等全家人都坐好後自己再動手夾菜吃飯；有客人進餐時更應講究禮貌。恰如其分地使用「請」、「謝謝」等用語。

和不少媽媽一樣，我也曾為女兒的邊玩邊吃傷透了腦筋，常常與新媽媽們切磋對策。據說有一個有效的做法是，孩子不好好吃飯是因為他（她）不餓，別理他（她），或者乾脆把飯端走，在下一頓飯之前，不讓他（她）找到任何吃的東西。幾次下來，孩子就不會拿吃飯當兒戲了。或許，這個辦法十分靈驗，但讓孩子餓肚子，我敢擔保多數媽媽做不到，包括我自己在內。

一日家裡來了一位朋友，在午餐時，我忍不住一邊叫：「孩子吃呀，快吃。」一邊不停地為她夾菜。

朋友看在眼裡，飯後指點迷津道：「你今天燒的菜他不吃，明天可少燒一道；如果她還不吃，後天再少燒一道；最後只燒一道菜。她一定會問你怎麼只燒一道菜，你告訴她，因爲她不吃，而且媽媽上了一天的班也很累。」

我照朋友的話做了，終於有一天女兒問：「媽媽，這幾天怎麼只有一道菜？」我說：「反正你也不吃，媽媽上了一天班又累，這樣又省錢，又省力氣，這不是兩全其美嗎？」女兒說：「媽媽你要挨餓的呀！餓了就教不動小朋友唱歌、跳舞啦。」我說：「你不吃飯不也不餓嗎？還參加跑步比賽呢。」孩子好像茅塞頓開似的說：「媽媽，我跑步比賽跑不贏別的小朋友，是不是東西吃得太少？」我說：「那當然，爸爸媽媽每天什麼菜都吃而且吃得飽飽的，所以才有力氣上班呀！」孩子說：「明天多燒點菜和飯，我也要吃得飽飽的，下次跑步比賽要跑第一名。」我高興地說：「好！說話要算話，那今天先把這些菜和飯吃光。」孩子果然呼嚕呼嚕吃了起來，吃的比往日爽快多了。時至今日，孩子仍保持著很好的胃口。

吃飯難是孩子普遍存在的問題。對於兩、三歲的孩子，與其以強硬的態度，讓他（她）被動地接受父母的觀點，不如採取機智的策略，把吃飯的過程變成快樂的過程，讓孩子自覺自願地把小肚子填飽。

鼓勵孩子自己吃飯。女兒剛過一歲，就有了自己吃飯的願望，每次餵飯，開始吃得還可以，沒吃幾口就擺出了不合作的架勢，邊吃邊吐，或乾脆把嘴扭向一邊。小手不停地動，急著搶我手裡的勺子，還經常爬上桌子奪她爸爸手裡的筷子。我索性就給她一把勺、一雙筷子，任她在碗裡、盤子裡戳，一口口地往嘴裡送。結果當然是掉到桌上、身上、地上的比吃到嘴裡的多得多，然而不可否認的是，她畢竟有幾口送到了自己嘴裡，她很興奮，對吃飯饒有興趣。趁她自己沒吃著的當口，我趕緊餵幾口，算下來，她每頓吃得也不少。而且，她不到兩歲，就能獨立吃飯了。

利用孩子的叛逆心理。兩、三歲的孩子很喜歡與父母作對，你越是讓他（她）老老實實坐著吃，他（她）越要走來走去、動動這兒摸摸那兒。每次幫女兒洗手，我和先生就說：**「今天的飯眞好吃，你先去玩吧，等我們吃完了你再來吃。」**或**「這個魚眞香啊，你少吃點吧。」**她一邊喊著我要吃，一邊把自己的碗裝得滿滿的。

抓住孩子的興趣所在。和孩子講好，如果堅持好好吃飯，就能得到他（她）想要的東西。奧運會期間，女兒對奧運五環由衷喜愛，我們就和她約定：哪頓飯吃得好就給她畫一個奧運五環，由她收好；如果一個星期能得到一定數量的奧運五環，週六、週日就帶她到她最想去的地方玩。這個方法效果不錯。當然，父母一定要說話算數。

給孩子營養的概念。每個孩子都有自己不愛吃的東西，這時最好跟孩子講一些營養知識，讓他（她）明白這些東西對身體有什麼好處。女兒一度不愛吃蔬菜，我們就邊吃邊跟她說：**「吃點花菜，補充葉酸；胡蘿蔔裡的胡蘿蔔素含量多，吃了能長高，將來能打籃球；豬肝含鐵、維生素A豐富，吃了嘴唇紅，孩子越來越漂亮；魚能健腦，多吃魚的孩子聰明……」**漸漸地，孩子就知道了不挑食的好處。

有一點不能忽視，即孩子飲食的色、香、味、營養缺一不可。培養孩子養成生活衛生的習慣，父母應注意以下幾個方面：

• **服裝的衛生**。衣服的大小要合身。太緊太短的衣服（如牛仔褲、健美服等）是不利於孩子發育的，要適當寬大些。在衣料的選擇上要注意透氣性、保溫性、吸汗性，特別是夏天應選擇棉、麻、絲之類的天然布料，不選用化纖產品的衣料，尤其不能用此做內衣內褲。體育鍛鍊時應穿鬆軟透氣、彈力較大的運動服裝。衣服要勤洗勤曬，經過洗滌和日照可以使大部分灰塵和細菌被除掉。鞋子的大小應合腳，鞋底的軟硬要適中，女孩不要穿太高的高跟鞋，這些是保護孩子腳的起碼要求。

•**飲食的衛生**。父母要注意調劑、豐富孩子一日三餐，配給合理的營養。培養孩子吃飯定時定量，細嚼慢嚥，不挑食，不偏食，不吃零食，不暴飲暴食，不邊吃邊玩，不邊吃邊看電視，要專心進食。吃飯時，父母不要訓斥孩子，保證愉快進食。還要教育孩子懂得「病從口入」的道理，堅持做到不喝生冷的水和過期飲料，不吃不新鮮的水產品和腐敗的瓜果，不用不清潔的食具，生吃瓜果要洗淨去皮，飯前便後要洗手，否則就容易得腸胃病，如果患上寄生蟲病很難治。

•**睡眠的衛生**。首先要保持足夠的睡眠，小學生每天應睡九~十個小時，國中生應睡八~九個小時，其中午睡為一個小時，夏季炎熱天氣或大運動量鍛鍊疲乏情況下午睡時間可以增加到二個小時以上。睡覺的姿勢最好是側臥，特別是向右側臥睡最好，因為心臟位於胸腔偏左，向右側臥能使血液較多地流向身體右側，使心臟負擔相對減輕。但睡覺的姿勢需要經常改變，以使血液循環流暢，通常每晚需要改變睡姿五~十五次不等。睡覺時人的呼吸系統仍在照常工作，蒙頭睡覺會使被窩裡的空氣污濁。二氧化碳積聚，對身體特別是對大腦的發育不利，頭要伸出被外。此外，睡覺還應保持室內空氣新鮮，冬季要防止煤氣中毒，保持室內外的通風換氣。不要開燈而睡。

**•皮膚的衛生**。皮膚上容易積留灰塵，必須經常清洗，如每天早、午、晚洗臉洗手三次，有條件的每天都要洗一次全身澡。因為人體不僅會積留灰塵，還會排出汗液和油垢，這些在身上積留過多過久就會發生酸臭，同時為細菌滋生繁殖提供了場所，引起皮膚搔癢而感染病菌。兒童洗澡時要用鹼性較弱的香皂，因為鹼性強的香皂會破壞皮膚汗腺的正常功能。人的腳趾容易出汗，由於鞋襪的覆蓋，汗液不易蒸發，因此每晚睡覺前都要洗腳洗襪，鞋子也應四～五天換洗一次（球鞋污垢多時更應及時清洗）。頭髮有保護頭皮和美觀的作用，無論男孩或女孩都要經常梳理，每星期還應沖洗一次（夏天或出汗多時可勤洗），以便除去頭髮中的汗液、污垢，但洗頭過多會破壞頭皮油脂，所以不能洗得太勤。

**•牙齒的衛生**。口腔進食後會留下一些殘渣和怪味，如不透過刷牙或漱口除去，就會發酵生酸，助長細菌繁殖，腐蝕牙齒，影響胃腸消化功能，因此要養成飯後漱口、早晚刷牙的習慣。刷牙要注意使每個牙齒的外表面都被刷到，這樣才能真正產生清潔牙齒的作用。刷牙時對上面的牙齒要從上往下刷，對下面的牙齒要從下往上刷，對咀嚼面要平行來回刷，用力切勿過猛。不可用力橫刷，橫刷會損傷牙齦和牙頸。父母要為孩子選購毛束少，軟硬適中的保健牙刷，這種牙刷頭小，在口腔內轉動靈活，使用方便。另外，牙刷、漱口的杯子都要專人專用，防止傳染疾病。

## 第60種好習慣

# 怎樣培養孩子個人清潔衛生的習慣？

清潔習慣對於保持和增進健康是不可少的
孩子講究清潔與父母平時的教育是分不開的

有一位叫苗苗的孩子，她的父母特別注意衛生。她的媽媽告訴她，要從小養成愛清潔、講衛生的好習慣，尤其是飯前便後洗手的習慣。

苗苗問：「爲什麼飯前便後要洗手？」媽媽告訴她：「因爲手上摸了髒東西，在吃飯前不洗乾淨，吃進肚子裡就會生病，肚子裡就會長出蟲子來，有蟲子，就要去醫院打針吃藥了。」等她稍大一點，媽媽還進一步告訴她，飯前便後洗手可以預防各種腸道傳染病、寄生蟲病。

每次苗苗洗手時，媽媽都為她準備好肥皂、擦手毛巾，放在苗苗容易拿取的地方。而且教孩子洗手時要把袖子挽起，以免把衣服弄濕了，並教她手心手背都要洗。

媽媽示範一次以後，苗苗就全部掌握了。

於是，苗苗每天早晨起床後，自己洗臉、洗手。尤其是吃飯前，從來都不用人提醒，自己主動去洗手，打肥皂，口裡還念念有詞，洗完手，要甩三下，把自己手上的水甩乾。有時大人一忙，吃飯前忘了洗手，她總是及時提醒大人。

培養孩子個人清潔衛生的習慣，父母應注意以下幾點：

・**培養孩子飯前便後洗手的習慣**。作為父母，應該注意，從小就應該培養孩子飯前便後洗手的習慣，到五歲時孩子應該已經養成了這一習慣。應該要求孩子飯前便後自己洗手；飯前包括吃餅乾、吃其他任何食物之前。手摸過髒東西以後也應洗手。應告訴孩子為什麼這樣做，以說服孩子自覺地遵守要求。孩子可能偶爾會忘記洗手，就去拿東西吃，父母應及時提醒；要切忌「三天打魚，兩天曬網」。父母如果有時候要求，有時候又不要求，孩子可能就存在僥倖心理：這次不洗，也許媽媽沒有發現。所以要想培養孩子的良好習慣，就要一直堅持下去，中途不要停。有的孩子洗手時很馬虎，把手放在水龍頭下沖一沖就算了，結果洗完了以後手仍然是髒的。正確的洗手方法應當浸濕，再抹上肥皂搓一搓，然後沖洗乾淨，最後用毛巾擦乾，可以給孩子做好示範，讓他模仿。為了讓孩子記住正確方法，父母可故意在洗手時不抹肥皂，洗完後問孩子錯在哪兒或進行「看誰的手洗得乾淨」的比賽，促使他認真洗手。

・**讓孩子會自己擤鼻涕**。看孩子流鼻涕時是否知道自己擤，擤的姿勢對不對，是否知道一個鼻孔一個鼻孔的擤。

• **會用指甲刀剪指甲**。教育孩子會使用指甲刀，剪指甲時不要剪得太深，發現指甲過長就應該及時修剪。父母要讓孩子知道指甲髒或留得太長，是非常不衛生的，並有危險。由於孩子最初只會用一隻手剪指甲，所以父母應該教孩子使用另一隻手剪指甲。五歲多的孩子應基本掌握剪指甲的技能。

• **能自己洗澡**。讓孩子學會自己洗澡，學會用毛巾擦洗除後背以外的身體其他部位，洗頭還需要父母幫忙。只要教給孩子正確的方法就可以大膽地讓孩子去實踐。

# 讓孩子書寫和寫作突出

## 書寫和寫作習慣的培養

## 第61種好習慣

# 怎樣培養孩子正確書寫的習慣？

書法，是一個人的第二面孔。
父母要注意培養孩子書寫能力，
尤其是剛上學的孩子。
字不一定漂亮，但一定要工整清楚。

在資訊大爆炸的年代，父母都面臨著一個可能，即他們所教授的東西很快就已過時，成為歷史。有一點是肯定的，父母都認為兒童不應花太多的寶貴時間練習機械的技巧，其中包括書寫。由於生活和社會的命運似乎不依賴於書寫，他們給書寫設定了一個更實用的標準——達到可辨認的程度。但有些孩子連這一點都做不到。

有的孩子不愛「寫字」，父母就要引導。有一位叫曉陽的孩子，每次做功課都是在哭聲中進行的，最後再麻煩姐姐「收拾殘局」，直到三年級下學期，他才「慢慢」習慣自己做功課。當時有位老師告訴他：「字寫得不錯，不過如果是老師，可能會寫得再乾淨一點，你不妨試試看！」老師又說：「字不在漂亮，但一定要工整，清楚。」

從那一次以後，姐姐就不再是他的超級替代手了。也就是說，老師不著痕跡的「鼓勵」，讓他開始覺得寫字也有一點點好處。

下面是一位母親幫助孩子積極參與書寫的例子：

她的孩子希望學寫自己的名字MARIA。母親說：「你的名字寫出來是這樣的（在一張大紙上用彩色鉛筆寫），看著我寫，念出每一個字母，我們來數一下有幾個字母（演示怎樣識別字母）。現在我們來看一下哪些字母是相像的（幫助孩子注意到兩個字母A）。你是不是要自己試著寫呢（這給孩子一個機會審視紙上的感覺區域）？寫給我看哪一個字母最先出現（幫助孩子識別M，將其餘部分遮蓋住）？你開始寫之前能不能告訴我M看起來是什麼樣的？」

孩子：「嗯，它有兩根棍子，在頂上有兩個尖尖的東西。它們連在一起，還有一個尖點向著下方。」母親：「你看得很仔細呀！你要不要先寫出第一根棍子？」

從上向下。孩子們寫字一般喜歡從下向上寫，要鼓勵他們從上向下寫。這是視覺分析的第一課，訓練孩子在做事情前先對外界的信號進行分析和組織。你有沒有意識到這樣做，使孩子在這件事上覺得自己有控制權，他不僅僅學會複寫一個字母，同時還在學習用感官進行分析的技巧，還在進行口頭的資訊轉換。這種學習可以幫助他記得更牢，為避免在閱讀時對相似的字母有識別的困難（如N和M）。大多數學校不會用這種方法教孩子書寫，因此這是父母可以發揮獨特作用的地方，但一定要等到孩子夠大（大約四～五歲），這樣你和孩子都可以得到一個成功的享受。

感性學習的原則也可應用於還沒有養成良好書寫習慣的年齡大一些的孩子身上。有些非常聰明的孩子卻對字母的組成形式感到困難，許多孩子在小學的高年級，甚至國中時，仍然在這樣一些細節處掙扎，如M和N中有多少轉折等。如果你能細想一下這些字母在印刷體和草書中有多麼不同，這樣的困惑就很容易消除了。對字母和單字的「視覺記憶」每個人都有很大不同，這對書寫和拼寫有明顯影響。

每個人都希望自己寫得一手漂亮的好字，孩子也不例外，但是字寫不好與許多因素有關。對於低年級孩子來說，他們的小肌肉發育尚不完全，手部精細活動不協調（不同的兒童存在著一定差異，但整體發展的規律是這樣的），因此，寫作業時即使有寫好的願望，書寫品質依然較差，我們經常看到一些孩子寫字非常費力，有時本子都被字跡穿透，一有錯字就拼命地擦，最後弄得本子又黑又破，字還是歪七扭八的；有的孩子書寫差與坐姿、書寫姿勢的錯誤有關，比如：歪著（或趴著）身子、本子沒有放正、頭和書本的距離過近、執筆姿勢的不正確等；字的筆順、筆畫、結構掌握不好也是書寫差的原因之一；另外，有的孩子為了及早完成作業，只求寫完，這種孩子雖然能把字寫得較好，但對書寫沒有一個認真的態度，因而造成作業品質低下。

我們給父母們的建議是：

• **讓孩子喜歡寫字**。孩子之所以不喜歡寫字，一部分是因為生理發展未達成熟，以致眼手協調不良。如有可能，不妨和孩子多玩「沙地寫字」、「海灘作畫」的遊戲，讓孩子在廣闊的沙地中，快樂地寫下他剛剛學會的「國」字。這可比在筆記本上，一筆一畫的勾勒，要有成效。因為孩子多半不喜歡有框框，框住他們的寫字空間。等他們會寫那些字後，對老師交代下來的作業，自然不會有太大的抗拒，否則你和孩子之間的戰爭，不知還要持續多久咧！

•**用故事來教育孩子**。在故事中，你可以告訴孩子一些寫字能博取父母喜歡的情節，讓孩子有機會從中「頓悟」寫字的潛藏功能，如此絕對比逼他就範有效得多。

•**字不一定漂亮，但要工整清楚**。對孩子的書寫問題要具體情況具體分析，是態度不端正的，首先應告訴孩子寫作業和書寫工整漂亮的目的，讓孩子知道，作業不單是為了鞏固所學的知識，僅僅保證正確是遠遠不夠的，作業還有提高書寫能力的作用，寫得一手好字可以使人受益終身。在講道理的時候盡可能多舉一些實例，避免簡單的說教，讓孩子覺得與自己無關而不能引起足夠的認識。父母可在一段時間內，對孩子每天的作業書寫情況加以評點，對孩子在書寫上的點滴進步給予表揚，不斷激勵孩子以正確的態度對待作業的書寫。

•**注意培養孩子正確的書寫姿勢**。如果孩子的書寫姿勢有問題，一定要及時進行糾正，這樣既可以保證孩子的視力也可以讓孩子透過簡單的兒歌來記憶書寫的正確姿勢，並時刻提醒自己注意。比如：書寫要求「三個一」，即眼睛離桌面一尺遠，胸離桌子一拳遠，手離筆尖一寸遠。

・**孩子的書寫能力也可加以訓練使之提高**。每天可讓孩子專門練寫幾個字，每個字書寫遍數不求多，少到五個，最多不超過一行。寫的時候要求孩子先看，了解字的框架結構，還可讓孩子說說每一筆畫的位置、筆順的先後，父母及時發現錯誤立即予以糾正，在做完這些準備後再開始動筆書寫，經過這一過程，孩子對所要書寫的字有了較詳細的了解，寫起來自然胸有成竹，根據他書寫的情況可以提一些建議，如：落筆時用力的大小，用橡皮時要注意輕一點，橡皮一定要保持清潔等。

## 第62種好習慣

# 怎樣培養孩子寫作的習慣？

寫作是一種重要的表達。
父母要鼓勵孩子「即興」寫下自己的想法，
不必在乎語法和拼寫問題。

請看一位母親的敘述：兒子從上二年級開始，按老師要求寫週記。剛開始，真是不倫不類，連流水賬都寫不俐落。我看了常常又勾又改，幫他整理一番，整理的結果自然是他的週記被老師誇讚。

可是兒子並不領情，總認為我對他吹毛求疵。我想俗話說外來的和尚會念經，兒子莫不是犯了這種意識上的錯覺，乾脆報個作文班，去學吧。

兒子開始很不情願。聽了一堂課後突然宣布這個班好玩。我去聽，細一打聽敢情是老師採用趣味教學方式，每堂課講故事，不過講故事的代價是臨下課時老師會單講一個故事大綱，請同學們按自己的想法補充內容，當然我看了兩次兒子的作文作業，個別的有明顯錯誤的，也沒能糾正，反而都打著大大的五分。我又開始自作多情了，每次兒子寫作文時我就站旁邊指點一二，兒子呢，照樣頗不耐煩。有一天兒子回來很得意地宣布，自己的作文被老師當範文了，題目是《媽媽教我寫作文》，摘抄如下：

我媽媽是一家小報的編輯，聽說是專門給人改作文的。

我上二年級的時候，學校有了作文課，每次我寫完，媽媽都要先替我看一遍。一邊看一邊挑毛病：這加點細節，這用詞不當，這缺乏自己的看法。至於什麼叫細節，什麼叫看法可就不管了。

我煩了，不聽媽媽的。媽媽給我報了個作文班。眞奇怪，我寫的作文總能得五分，老師還誇我不錯呢。

我老是想：媽媽說我不好的作文，還能得五分，肯定是媽媽說錯了。那媽媽是怎麼給別人改作文的呢？她要是老給別人改錯了，她的老闆批不批評她？

我邊看邊笑，覺得兒子這篇作文確實不錯，最起碼文通句順，寫出自己的感情來了。

不過，要細琢磨兒子這篇東西，我想我這種教學法是不是有點欲速則不達呢？從那天開始，我對兒子的作文都是等老師閱後再作評點，美其名曰：讓你們老師了解你真正的水準。對此，兒子並無異議，反而悄悄地議論：我媽對我的作文放手了。

用寫作來表達自己的想法是對孩子的思想和語言背景的最終檢驗。如果想成為一位作者：①必須懂得並能將資訊和想法綜合起來；②組織出原始的陳述內容；③找到正確的語句；④將內容按順序排列起來；⑤這些想法要在頭腦中保持足夠長的時間以便將它們寫在紙上。孩子是否有能力完成這樣複雜的練習取決於三個因素：對想法的理解，語言的表達，還有基本寫作技巧。

孩子們最開始是寫一些自己的經驗，而後寫一些想像中的故事、詩歌和「評注性文章」。一個孩子如果不能輕鬆地口述一件事，往往在試圖寫下它時也會發生困難。學校裡的教學是不可能彌補孩子成長環境中的語言缺陷的。

當代著名文學家、教育家葉聖陶有三個孩子，一個叫至善，一個叫至美，最小的叫至誠，都小有名氣。說起葉老對孩子的寫作訓練，對父母們很有啓示。

一天，吃罷晚飯，葉聖陶戴上老花眼鏡，坐下來開始給孩子改文章。至善、至美和至誠兄妹三人，各居桌子的一邊，眼睛盯住父親手裡的筆尖兒，你一句，我一句，互相指責、爭辯。父親並不責怪他們，說是改文章，實際上是和孩子們商量著共同措辭，提煉思想。

葉聖陶給孩子改文章不像老師那樣在文章上畫畫改改，而是邊看邊問：這兒多了些什麼，少了些什麼，能不能換一個比較恰當的詞兒？把詞兒調動一下，把句型改變一下，是不是好些？……遇到他不明白的地方，還要問孩子：原本是怎樣想的，究竟想清楚了沒有？爲什麼表達不出來？怎樣才能把要說的意思說明白？有時候，至善、至美他們讓父親指出了可笑的謬誤，孩子們就盡情地笑起來。每改完一段，父親就朗誦一遍，看語氣是否順當，孩子們也就跟著父親默誦。父親教兒學步，循循善誘；孩子們自奮其力，自然進步很快。

美國一家普通的幼稚園，剛剛入園的孩子被老師帶進兒童圖書館很隨便地坐在地毯上，接受他們的人生第一課。一位兒童圖書館的老師微笑著走過來，她的背後是滿架滿架的圖書。「孩子們，我來給你們講個故事好不好？」「好！」孩子們答道。於是老師從書架上抽下一本書，講一個很淺顯的童話。「孩子們，」老師講完故事後說：「這個故事就寫在這本書中，這本書是一個作家寫的，你們長大了，也一樣能寫這樣的書。」老師停頓了一下，接著問：「哪一位小朋友也能來給大家講一個故事？」一位小朋友立即站起來，說：「我有一個爸爸，還有一個媽媽，還有我……」幼稚的童聲在廳中迴盪。然而，教師卻用一張非常好的紙，很認真、很工整地把這個語無倫次的故事記錄了下來。「下面，」老師說，「哪位小朋友來給這個故事配個插圖呢？」又一位小朋友站了起來，畫一個「爸爸」，畫一個「媽媽」，再畫一個「我」，當然畫得很不像。但老師同樣很認真地把它接過來，附在那一頁故事的後面，然後取出一張精美的封皮紙，把它們裝訂在一起。封面上，寫上作者的姓名，插圖者的姓名，「出版」的年、月、日。老師把這本「書」高高地舉起來：「孩子，瞧，這是你寫的第一本書。孩子們，寫書並不難，你們還小，所以只能寫這種小書；但是你們長大了，你們就能寫大書，就能成爲偉大的人物。」人生第一課結束了，在不知不覺之中，孩子受到了某種「灌輸」。

父母鼓勵孩子寫作，要善於引導，我們給父母們的建議是：

• **打好基礎**。為訓練孩子具有最初的表達能力，當孩子稍大時，就應當要求其盡量說出完整的句子，不要任其總是說孩子話。如把貓說成「咪咪」，把凳子說成「凳凳」。這是因為小孩掌握的辭彙少，只能用一些簡單的字或像聲詞來代替。隨著孩子年齡的增長，父母要適時教他更多的辭彙和正確的表達。為了孩子，父母平時說話速度不要太快，發音用詞盡量準確規範，因為父母的語言會對孩子產生潛移默化的作用。若父母說話經常顛三倒四，胡亂用詞，詞不達意，很難要求孩子不這樣。語言環境對孩子學習語言有著最直接最重要的影響。經常給孩子朗讀兒童讀物，並常常講故事，然後讓孩子複述，可以豐富孩子的辭彙量和鍛鍊其表達能力。孩子只要語言表達清楚準確，寫作就有了良好的基礎。對小學低年級學生來說，能把想說的意思寫下來，就是一篇不差的作文了。到三、四年級以後，提高孩子的寫作水準，主要在兩方面加强。一是讓孩子多讀適合其程度的課外書籍，熟能生巧，看多了自然而然地會提高文字表達能力。二是常帶孩子走出家門，讓其能有更多的實際感受，以增加寫作題材。應要求孩子寫真情實感，描寫要生動而有特點，不宜成天讓孩子讀範文、寫作技巧的書，以及總是模仿別人。

・**幫助孩子提高寫作水準要講究方法**。在講寫作主題時，要耐心啓發，先讓孩子自己談想法，父母再作些提示。討論時要尊重孩子自己的意願，不要以大人的構思習慣，去套住孩子活躍的思維。哪怕你是一個作家，也不要這樣做。

・**在幫助孩子修改作文時，千萬不要包辦代替**。切不可大筆一揮，又砍又添，最後不知是孩子的作文還是你的文章。

・**增加孩子的辭彙**。為了增進小孩子的辭彙，父母應該多用心注意聽小孩子講話的內容，而且利用機會親子間多做遊戲，彼此互相交換心得。由於小孩子很容易模仿父母親所說的日常用語，所以大人們必須小心的使用適當的詞句。

・**從零歲開始的寫作：記日記**。日本一家兒童俱樂部研製出一套從零歲開始培養優秀孩子的教育方法。他們的做法是從嬰兒零歲起就給他們聽錄音帶和看畫冊，以挖掘和啓發兒童的潛能。

・**鼓勵孩子寫**。新學寫作的孩子的父母能幫孩子什麼忙呢？不要錯過幫助孩子的機會，我們可以做許多事：定期給孩子朗讀；鼓勵孩子清楚地表達自己的想法；給孩子寫字條和信；創造一個有書桌、紙張、鉛筆等物品的書寫環境；建議孩子將自己想寫的題目先對著答錄機講一遍，講後重覆放一遍，再將內容寫下來；手頭有一本字典；養成孩子互相講故事的習慣，等等。

第63種好習慣

# 怎樣鼓勵孩子即興寫作和用電腦寫作的習慣？

幫助孩子解決作文難的問題，
豐富孩子的習作，素材是關鍵。
要鼓勵孩子即興寫作和用電腦寫作。

現在，電腦在家庭中非常普及。父母應該鼓勵孩子即興寫作或用電腦寫作。

一八二八年八月二十八日，托爾斯泰出生在圖拉城附近的雅斯納．波良納。托爾斯泰二歲的時候，母親就去世了，還不滿九歲的時候父親離開人間，托爾斯泰成了孤兒，生活陰影籠罩著他，就在萬分危急時他的一位遠房親戚收養了他。

托爾斯泰的文學才能是在小學時被老師發現的。有一次上文學課，老師問：「誰讀過莎士比亞的劇本？」托爾斯泰站起來說：「**老師，我讀過。**」全班同學都用驚奇的目光看著他。老師接著說：「**你能把劇本大意說一下嗎？**」他很自信地說：「**能！**」他大聲背誦莎士比亞劇本中的精采段落，似天上流雲。當他背完時，教室裡寂靜無

聲，同學和老師都驚呆了。

從此，文學老師鼓勵他在文學上繼續發展，他也由此樹立了人生的目標。他不懈努力，苦練寫作，積累素材，創作了《戰爭與和平》、《安娜．卡列尼娜》等一系列巨著，成為世界最偉大的文學巨匠之一。有人問托爾斯泰：「你能成爲偉大作家，肯定頭腦特別好，有文學天才是嗎？」托爾斯泰說：「文學天才是不可否認的，但這種天才最好在幼兒時期便能被發現，爾後樹立目標，爲之奮鬥，便多半能夠取得成功。」

現實生活中，父母經常有類似這樣的抱怨：「他在每週的測驗上拼寫得很正確，同樣的詞在他的報告裡卻拼錯了。太不用心！」是不用心嗎？不一定。考慮一下拼寫測驗所需的工作貯存，這裡所有的注意力和推理都集中在單字上。然後再與寫作的要求比較一下，寫作時大腦高級中心都集中在寫作內容上。孩子不是有意不經心，他的拼寫能力還沒有達到足夠的下意識程度，所以不能釋放大腦的更多工作貯存去服務於文章的內容和結構。

對這樣的問題有幾種糾正方法：鼓勵孩子「即興」寫下想法，不必在乎語法和拼寫的問題；父母可給寫作技巧上有問題的孩子當檢查員；在孩子開始時與結束時總找出一些要點進行表揚；父母可以多看孩子寫的作文，對文中可取之處及時給予肯定、讚賞，並試著讓孩子養成願意修改作文的習慣，在修改之中才能精益求精；孩子的作文水準提高之後，他的文學鑒賞能力也會有所長進，對文學的興趣會更强烈，這樣，文學修養必然會得到提高。

記住好的作者在寫出滿意的作品前要寫出許多底稿。一個原稿在「清晰之前必是一團糟的」。將字打入電腦可以省去許多對大腦提出的工作要求——這些要求使一些人感到寫作是件十分困難的事，用電腦寫作可以將工作記憶解放出來對想法進行組織並將它們形成文字，再加上電腦中的拼寫檢查可以充當自動檢查員，它可以强迫孩子檢查和重拼單字的系統能有效地鼓勵「一寫就對」的準確性和教孩子如何進行修改。電腦打出的文章十分漂亮，這對書寫很差的孩子是一種鼓勵。孩子們從中感到驕傲，從而激勵他們更進一步地糾正錯誤和改寫，而電腦可以幫助他們避免每次修改都要重新抄寫的勞苦。

孩子們應從什麼時候開始接觸鍵盤呢？如果是自己探索著開始的，沒有經過正確方法的指導，他們會在自己的神經中植進低效的習慣。視覺是一個重要感官，用眼睛去尋找鍵碼，不但速度慢而且比用下意識的觸鍵動作等消耗更多的大腦皮層的能量。一些教育家建議即便是六歲的孩子也可以開始學鍵盤，但對此並無一致結論。還是傾向於孩子應經過學習用鉛筆書寫得到足夠的手臂上的感覺。

有些人在將語言和視覺結合起來時可以寫得更快，這是將左右腦功能結合使用的全方位處理方法。有一種很有趣的方法可以引發孩子對寫作的愛好，那就是讓孩子先畫圖畫，然後試著描述它們，這可以激發孩子的想法並促進一些基本的組織能力的發展，這對於覺得有困難發現寫作題目的孩子，或者對一些學習風格偏重於視覺而非聽覺的孩子尤其有效。

但在孩子的樂趣中，最重要的是讀書。不過應特別注意書的選擇，一個人喜好什麼樣的書，往往決定於他第一次讀的是什麼書，而且幼年時期讀的書往往能左右這個人的一生。

應使孩子從小養成看報的習慣。再者，孩子們最喜歡講故事，特別是對於年齡較小的孩子，講故事更為重要。它不僅能豐富孩子的知識，而且往往成為引導孩子看書的橋樑。我在講故事時，常常是講到最有趣的地方就打住，並告訴孩子這個故事在哪本書中，鼓勵她看書。

我們常看到這樣一種現象：老師出了一道作文題，孩子回到家苦思冥想，抓耳撓腮，好半天也無法下筆。有的甚至急哭了，作文對他們來說簡直是一種「煎熬」，做父母的有時也急得手足無措。這到底是為什麼？究其原因也許是多方面的，但其中關鍵的一點就是因為缺乏習作素材。巧婦難為無米之炊呀！因此，要幫助孩子解決作文難的問題，豐富孩子的習作素材是個關鍵。作為父母怎樣切實有效地指導孩子積累習作素材，這當中還有不少竅門呢！我們給父母們的建議是：

- **要寫好文章，孩子必須學會在頭腦中進行一場與自己的私下交談。**優秀的寫作來源於作者腦中的一種獨特的內在聲音，它不同於寫下來的談話。唯一能獲得這種內在聲音的方法是閱讀和傾聽優秀範文。

• **對閱讀和寫作的熟練與喜好來自於聽與說的基礎**。如果你的孩子已經大了，不要丟掉一些欣賞好的詩歌與文學作品的機會。設法使寫作成為每天生活的一部分——一個令人喜愛的個人智慧上的探索。即使對大一些的孩子，也要時常和他們一起探索文學頭腦的寶庫，在培養孩子對寫作的興趣上沒有「為時已晚」的時候。

• **讓孩子博覽群書**。「書籍是人類進步的階梯！」這是一句至理名言。莎士比亞也曾具體地比喻說：「生活裡沒有書籍，就好像地球失去了陽光；智慧裡沒有書籍，就好像小鳥失去了翅膀。」可見書對於人們是多麼的重要！如今父母都非常重視子女的教育，但指導孩子讀書並不是給孩子買幾本書那麼簡單。要引導孩子把書讀好，父母至少得做兩方面的工作：首先，幫助孩子選擇可讀的書，幫孩子選書不僅要注意書的價值還得兼顧書的涉獵面；其次，還必須教孩子讀書的方法，讓孩子學會讀書，有些書甚至得與孩子一起讀。真正能把書讀好了，書中的許多事蹟、人物、景物等都能成為孩子平時習作中的素材。不僅如此，讀好書對提高孩子的習作技巧，豐富孩子的語彙也同樣大有裨益，這也許就是古人所說的「開卷有益」吧！

• **看好的電視節目**。電視是一種有教育意義的工具，它能豐富孩子的習作素材，激發孩子的學習興趣和動機。因此消極地控制孩子看電視並非上策，正確的做法應該是引導孩子看好的電視節目。比如一些有意義的紀錄片、歷史劇、人物介紹，一些新聞、卡通、喜劇，還有些體育、文化、科學節目，都可以有選擇地引導孩子看。要引導孩子觀察電視中有特點的東西，如山峰、樹木、花朵等。另外，看完一個節目後，父母也可以讓孩子寫寫內容提要，然後再與電視報刊上的介紹對比。當孩子對節目特別感興趣時，父母還可引導他寫寫觀後感。這些對提高孩子的寫作能力，豐富孩子的習作素材都大有幫助。

• **促膝長談**。透過帶著孩子去感受生活、參加活動、指導孩子讀書、看電視，顯然是能夠為孩子增加一些習作素材，但這一切仍有其局限性。如果我們父母能把自己平時的所見、所聞與所感，透過聊天與孩子進行交流，也能切實豐富孩子的習作素材。因為許多事情都是孩子目前所無法直接經歷與體驗的，只有透過這種方式讓孩子間接地來感受，積累一些間接經驗。

# 篇 讓孩子有一個健美的身體

## 運動習慣的培養

# 怎樣培養孩子熱愛運動的習慣？

「生命在於運動」，
運動給人帶來無窮的活力。

作為父母，要培養孩子對體育的興趣，讓孩子養成愛好鍛鍊的生活方式。三歲～十二歲是形成良好習慣的關鍵期，此時孩子在生理上處於生長發育和素質發展的敏感期，人的可塑性大，最容易接受成人的引導與訓練。所以，正是養成自覺鍛鍊身體習慣的好機會。如果錯過了，隨著人的年齡的增長，由於受舊習慣的干擾，新習慣就難以形成。

康康是北京清華大學物理系的學生，這位身高一百八十公分，體格健壯、動作敏捷的男孩子，不僅學習成績優秀，而且擅長多種體育運動，得到學校各類球隊的青睞。康康的全面發展，得益於父母的用心良苦。《少年兒童研究》雜誌社的記者採訪康康的父親、北京師範大學教育系的康健副教授時，他這樣談到：

從孩子剛會走路到國中畢業十多年的時間，我每天都帶孩子進行一個小時的運動，從未間斷。這期間，孩子入學是考驗父母判斷力的時刻。因為以後孩子的生活狀態將有所改變，學習成為孩子的主要任務。我經過仔細考慮，覺得還是體育最重要。我認為，提早為孩子在智力上做選擇，也就是讓孩子學習某種特長，如美術、鋼琴之類，是不明智的，這些應該讓孩子長大後自己選擇。

經過幾年的體育訓練，康康的體質明顯增强。尤其是到青春期時，身體各個部份發育得十分健壯，沒有長得像某些孩子那樣，纖細得如豆芽菜一般。有的父母看到孩子進入青春期了，身高明顯增加，才意識到要給他又吃又補，但體質卻沒有根本改善。其實，好的做法是，在孩子身體迅速發育之前就給予合理的營養，並進行充分的運動鍛鍊。

那麼，鍛鍊方法是什麼呢？就是培養孩子的體育愛好，但不是用培養專門人才的方法。因為兒童如果過早地陷入某種專業化的訓練，有可能影響孩子整體協調能力的發展，如身高不足等等。體育鍛鍊重在參與，僅在家裡和孩子一對一地玩是不夠的。要經常帶孩子到公共場所觀看他人的運動。讓他感受運動給人帶來的活力，從中獲得感染。有的場所要收費，這份錢該花，那裡的氣氛特別能帶給男孩子陽剛之氣和青春活力，孩子也能意識到運動是人的一種需要。

運動對智力大有好處。康康花在學習上的時間比別的同學少，但是他的成績依舊名列前茅。究其原因，就是他精力旺盛，上課聽講專心，作業完成速度快。康康對待學習，也不是死盯著課本，對待成績和名次也不會斤斤計較。即使偶爾考試成績不理想，他也不灰心喪氣。

如果我們的父母都能像康老師那樣，心態平和，教子有方；如果我們的社會更多地重視推進體育，使孩子們享受積極健康的運動樂趣，我們就沒有理由不相信，獨生子女同樣能獨立、樂觀、勇敢地面對生活。

父母是孩子的第一任老師，也是孩子最信賴的老師。父母的一言一行不僅影響著孩子的一朝一夕，有時還可能影響到孩子的一生一世。

培養孩子熱愛運動的習慣，我們給父母們的建議是：

・**給孩子創造運動的條件**。要創造條件，鼓勵、支持孩子參加各種體育鍛鍊，以增强孩子身體各部位的機能和適應環境的能力，增强孩子的體質。

・**讓孩子養成愛好鍛鍊的生活方式**。培養孩子早起鍛鍊身體的習慣。三歲～十二歲是形成良好習慣的關鍵期，此時孩子在生理上處於生長發育和素質發展的敏感期，人的可塑性大，最容易接受成人的引導與訓練，正是養成自覺鍛鍊身體習慣的好機會。如果錯過了，隨著人的年齡的增長，由於受舊習慣的干擾，新習慣就難以形成。

・**為孩子提供安全的場地**。訓練孩子的運動能力，應該為他準備場地。場地必須安全。父母不要整天將孩子關在家中。孩子從幼稚園出來時，總希望在外面玩一會兒，這時父母不要急著把孩子帶回家，應該讓他做些必要的戶外活動，可以在住所的周圍找一塊空地讓孩子蹦蹦跳跳。有些住宅區周圍過往的車輛很多，父母應該特別注意安全。

• **給孩子提供一些用具**。孩子為運動而運動總感到枯燥，父母可為孩子配置必要用具，增加活動的興趣性，如球類、橡皮筋。另外，為了方便孩子運動，應該讓他穿運動鞋和運動服。

• **父母可參與孩子的運動遊戲**。由於許多子女缺少玩伴，父母就不可避免要充當這一角色——當孩子的玩伴，如與孩子一起拍球、傳球、單腿跳等。因為五～十歲的孩子競爭意識增加，他們重視行動後的結果，所以父母與孩子一起玩，可以促進孩子運動能力的提高。

第65種好習慣

# 怎樣培養一個健美的孩子？

運動能帶給你青春飛揚的信心，
帶給你義無反顧、勇往直前的勇氣，
因為運動以最直接最樸素的方式，
展現了人的積極向上的本質。

「生命在於運動」是一句已經很古老的話了，我們可以仿造出：「健康在於運動」、「青春在於運動」、「美麗在於運動」……只因為運動的狀態才是人生最飽滿最自然的狀態，它也能帶給人許許多多生命中不可缺少的流光溢彩，帶給人許許多多生命裡最重要的體驗。各式各樣的運動能帶給你青春飛揚的信心，帶給你義無反顧、勇往直前的勇氣，因為運動以最直接的最樸素的方式展現了人的積極向上的本質。

素有「運動少女」之稱的孟雪瑩剛開始一直怕運動。雪瑩怕跑不快，怕下水，怕鉛球扔在腳前，雖然雪瑩成績優秀，內心卻羞怯無比，跟人説話容易臉紅，對一切陌生之物心懷恐懼。在雪瑩念大學之後，她心中常有種種目標，卻常感體力不支，要靠比別人更多的睡眠時間及精神。雪瑩羨慕那些從小就有運動素質的人，羨慕他們渾身有用不完的精力。

人的一生是那麼短暫而有限，假如有一個强健的身體，那麼可以多做多少事啊！在一個節奏快又充滿競爭的現代社會，雪瑩相信這句話：「**一切優越始自於身體的優越。**」

喜歡「運動」並非就是一定要成為像鄧亞萍、郎平一樣，雖然他們的矯健英姿、奮力衝殺實在讓人感到刺激和鼓舞。

堅持鍛鍊才會雙腿修長，肌肉結實。冬天每天清晨去操場或馬路慢跑，呼吸新鮮的空氣。夏天每天去游泳，讓皮膚曬得黑黑的。如果你堅持練啞鈴、練單槓，這樣當你跨進大學的宿舍時，自己便能把大大的衣箱擱在上鋪，而不用老爸或任何人幫忙。堅持練投籃、練翻滾、練乒乓球，頭腦因此而靈活機敏，目光因此而炯炯有神。堅持練韻律體操、舞蹈，身材就會很好。

國內最好的時裝模特兒大都是運動員出身，或是籃球好手、或是賽艇運動員，這沒什麼奇怪，運動給了人一個好身材，還賦予人自信、勇氣與毅力。退役的運動員做什麼都很成功，李寧做服裝、郭躍華開餐館做運動鞋。這不是什麼神話，而是定律、常規，因為只有擁有不竭的體力才有不竭的想像力。於是，在雪瑩想像的倒流時光中，自己是個一百七十公分的高個子的苗條少女，她擦著因運動而流下的汗水，自豪

而又自信，臉上有光彩照人的健康，無比的紅潤。

不用模仿滿街的吊帶衫，七分褲，只穿白色的棉背心、短褲，在清一色的流行中出類拔萃。這樣永遠不要為穿什麼時裝而操心，不必塗胭脂用口紅，雪瑩喜歡樸素自然大方，去大口吃飯，大口吃肉，讓挑食與節食見鬼去吧。健康的形體與健康的精神，是金錢永遠無法裝扮的。

有的父母認為孩子的形體是不會有什麼改變，因此，對孩子的營養、鍛鍊、坐立行走的姿勢等皆任其自然，並不在意，以致孩子於不知不覺中產生了種種形體上的缺陷。這不僅影響孩子的體態美，而且有礙他們內臟器官的生長發育，貽害匪淺。

那麼，怎樣使孩子的形體臻於健美呢？我們給父母們的建議是：

• **注意營養**。合理的營養是促使孩子正常發育的物質基礎。孩子時期生長發育迅速，需要保證必要的營養供給。出生頭幾個月母乳是最理想的食物，隨著消化力的增強，要及時增添魚肝油、蛋黃、果汁、菜泥等輔助食物。斷奶後，食物種類要多樣化，每天飲食中需有足夠的蛋白質、脂肪、維生素和無機鹽。缺乏蛋白質，身高體重增加緩慢，易導致體型矮小，肌肉鬆弛，精神不振；缺乏脂肪，身體消瘦，影響發育；缺乏無機鹽，妨礙骨胳生長；缺乏維生素，會引起佝僂病。不過營養也不宜過多，否則，吃得多活動少，會變成肥胖兒，容易引起疾病。

• **進行健美鍛鍊**。從生理上講，兒童時期可塑性大，在這個時期如能根據身體發育狀況進行科學鍛鍊，會給形體發展帶來理想效果。孩子從呱呱墜地就應注意鍛鍊，孩子稍大一點，可練習爬、坐、攀的技能，並注意衣服不要穿得過多，盡量讓他自由活動。這樣既能促進生長發育，又接受了自然力鍛鍊，會長得更結實。七～八歲以後，下肢進入迅速生長期，這時就要讓孩子參加跳繩、跳高、奔跑、打球等運動，以促進下肢骨的生長。還要讓他們加强胸部和腹背肌的練習，如做擴胸運動、伏地挺身、仰臥起坐、游泳、棍棒操等。這些運動能有效地促進胸廓的發育，使胸部寬闊，背部挺拔，並能矯正雞胸、脊柱彎曲等畸形。

•**時間不易過長**。孩子好動，玩起來不知道累，但他們各組織、器官都比較脆弱，心血管系統的調節機能也不夠穩定，所以鍛鍊時要掌握好循序漸進、因人而異的原則，避免進行心臟負擔量過大、持續時間過長的激烈運動。否則，對骨胳的發育有害，容易使骨化過早完成，長不高，甚至會引起脊柱彎曲或骨盆變形。

•**保持正確姿勢**。俗話說，「站如松，坐如鐘，臥如弓」，這是合乎科學的。因此，平時應嚴格要求孩子坐時上體正直，兩肩齊平，兩腳撐地，大小腿成直角，前臂平放桌上。如坐相不正，低頭，胸口緊靠桌沿，兩肩不等高，則很容易形成駝背、脊椎前凸或側凹、斜肩、近視等毛病。其次，站和走也要挺胸抬頭，身體正直。如長期站姿不正或肩壓過重，不但會含胸駝背，而且可能引起扁平足。父母應注意培養孩子良好的姿勢，教孩子走路、站立及坐的正確姿勢，使孩子養成良好的習慣。

• **注意孩子的形體訓練。**五～十歲的孩子身體發育很快，如果這個時期，孩子養成了不良的身體姿態，就會逐漸固定，從而破壞孩子形體的健美，甚至會給以後帶來煩惱。

國家圖書館出版品預行編目資料

成就一生好習慣／楊冰 主編；-- 第一版.
-- 臺北市：大地, 2004〔民93〕
面；　公分-- （教育叢書；10）

ISBN 986-7480-16-3（平裝）

1. 親職教育 2.習慣心理學

528.21　　93018812

教育叢書10

# 成就一生好習慣

主　　編：楊　冰
發 行 人：吳錫清
美術編輯：黃雲華
出 版 者：大地出版社
社　　址：台北市內湖區內湖路2段103巷104號1樓
劃撥帳號：0019252－9（戶名：大地出版社）
電　　話：(02)2627－7749
傳　　真：(02)2627－0895
E-mail：vastplai@ms45.hinet.net
印 刷 者：普林特斯資訊有限公司
一版三刷：2006年2月
定　　價：250元

Printed in Taiwan